Sobre el libro

En este libro encontrará un curso del tarot que combina la teoría y la práctica a través de lecciones de dificultad progresiva. Por medio de un análisis activo, el autor enseña cómo encontrar el significado de cada carta en forma positiva, invitándolo a la reflexión y a la acción.

El autor estipula que todos podemos alcanzar la plenitud material y espiritual y que no somos juguetes en manos del destino. Esta visión constructiva y positiva contrasta con muchas otras obras similares donde sólo se expone el lado determinista y negativo de las cartas.

El tarot es un oráculo de adivinación muy efectivo, pero también es una herramienta creativa y un almacén de símbolos vivientes que le ayudará de manera activa a lograr sus propósitos.

Esta obra incluye ejemplos de lecturas realizadas que le servirán de inspiración y ayuda, así como los detalles prácticos para realizar una lectura exitosa, desde el despliegue de las cartas, los pasos previos a una lectura y cómo construir una pregunta eficaz, hasta el manejo de las cartas negativas, cómo superar el nerviosismo de las primeras lecturas y cómo tranquilizar a su consultante.

Esta obra lo llevará paso a paso al descubrimiento y dominio de sus propias habilidades adivinatorias y le enseña de manera efectiva los múltiples beneficios en la práctica del tarot.

Sobre el autor

Octavio Déniz nació en Santa Brígida, España. Es un Neurópata diplomado concentrado en el estudio de las plantas medicinales y los elixires florales. Se ha dedicado al estudio de la influencia mental y emocional en la salud física, así como a la investigación empírica de los estados alterados de conciencia.

Octavio Déniz cuenta también con dieciseis años de estudio y práctica de la Astrología. Su formación ha sido autodidacta y su filosofía está basada en la necesidad del autoconocimiento y del impulso positivo como base para la construcción de una vida más plena en lo material y lo espritual.

Como astrólogo ha ayudado a cientos de personas a encontrar su camino, venciendo sus limitaciones y descubriendo nuevas posibilidades. En los últimos años, Octavio Déniz ha emprendido el estudio profundo del tarot y otras ciencias adivinatorias, realizando diariamente lecturas para muchas personas de España y América Latina. Su experiencia lo motivó a desarrollar su propio método de enseñanza del tarot, mismo que emplea en pequeños círculos de estudio y ahora comparte con un público más amplio a través de esta obra.

Correspondencia al autor

Para contactar o escribir al autor, o si desea más información sobre este libro, envíe su correspondencia a Llewellyn Español para ser remitida al autor. La casa editora y el autor agradecen su interés y comentarios en la lectura de este libro y sus beneficios obtenidos. Llewellyn Español no garantiza que todas las cartas enviadas serán contestadas, pero si le aseguramos que serán remitidas al autor.

Favor escribir a:

Octavio Déniz
℅ Llewellyn Español
P.O. Box 64383, Dept. 0-7387-0061-4
St. Paul, MN 55164-0383, U.S.A.

Incluya un sobre estampillado con su dirección y $US1.00 para cubrir costos de correo. Fuera de los Estados Unidos incluya el cupón de correo internacional.

www.llewellynespanol.com

Fundamentos del Tarot

Adivinación y Crecimiento Personal

OCTAVIO DÉNIZ

2001
Llewellyn Español
St. Paul, Minnesota 55164-0383
U.S.A.

PRIMERA EDICIÓN
Primera impresión, 2001

Diseño de la portada: Zulma Dávila

Diseño del interior: Alexander Negrete

Edición: Victoria Pierro

Foto de la portada: Doug Deutscher

Ilustraciones del interior: Llewellyn Art Department

Illustrations from the Universal Waite tarot deck reproduced by permission of U.S. Games Systems. Inc., Stamford, CT 06902 USA Copyright @1990 by U.S. Games Systems. Inc. Further reproduction prohibited.

Ilustraciones de las cartas del Universal Waite tarot deck reproducidas con permisó de U.S. Games Systems. Inc., Stamford, CT 06902 USA Copyright @1990 by U.S. Games Systems. Inc. Su futura reprodución y usó esta prohibida.

Library of Congress Cataloging-in-Publication Data.
Biblioteca del Congreso. Información sobre esta publicación.

Déniz, Octavio.
   Fundamentos del tarot: adivinación y crecimiento personal / Octavio Déniz.
   p. cm.
     ISBN 0-7387-0061-4
   1. Tarot. I. Title.
BF1879.T2 D415 2001
133.3'2424—dc21

2001038157

La editorial Llewellyn no participa, endosa o tiene alguna responsabilidad o autoridad concerniente a los negocios y transacciones entre los autores y el público. Las cartas enviadas al autor serán remitidas a su destinatario, pero la editorial no dará a conocer su dirección o número de teléfono, a menos que el autor lo especifique.

La información relacionada al Internet es vigente en el momento de ésta publicación. La casa editorial no garantiza que dicha información permanezca válida en el futuro. Por favor diríjase a la página de Internet de Llewellyn para establecer enlaces con páginas de autores y otras fuentes de información.

Llewellyn Español
Una división de Llewellyn Worldwide, Ltd.
P.O. Box 64383, Dept. 0-7387-0061-4
St. Paul, MN 55164-0383, U.S.A.

www.llewellynespanol.com

 Impreso en los Estados Unidos de América en papel reciclado.

Para Rosa Matas

Contenido

I. El Tarot

II. Tarot adivinatorio

III. Tarot y crecimiento personal

Apéndices

Los Ejercicios Prácticos

I. Parte: Ejercicios prácticos

II. Parte: Ejercicios prácticos

III. Parte: Ejercicios, prácticos

Planes y cambios

Sentimientos y relaciones

La prosperidad

La salud

La creatividad

Agradecimientos

En primer lugar quiero expresar mi profundo agradecimiento a mi amigo Jesús Martín, quien no conoce nada sobre el Tarot, pero con quien he compartido más de doce años de amistad y muchos kilómetros tras el Misterio. Entre ambos hemos dado vida a gran parte de las ideas que forman la esencia de este libro.

También quiero dejar constancia de mi reconocimiento a mi hermano José Juan, sin cuya valiosa ayuda no se hubiera visto una sola línea impresa, y a mis padres, por haberme dejado ser como soy.

Por último, y por diversos motivos, quiero expresar agradecimiento a las siguientes mujeres: Rosa y Llüisa Matas (Barcelona), Eva y Rosa García (Gran Canaria), Graciela Córdoba (Argentina), Carolina Villanueva (Gran Canaria), Eugenia Bravo (Lleida), Eloísa Godoy (Chile) y Mariana Behoteguy (Paraguay).

Introducción

¿Por qué usar el tarot?

Existen muchos medios para conocernos a nosotros mismos y nuestro futuro. El tarot es sólo uno entre muchos, ni mejor ni peor. Si has tomado este libro en tus manos, es evidente que piensas que el tarot puede ser un camino para ti. Pero ¿tienes claro lo qué es el tarot y lo que puede proporcionarte? Las cartas del tarot son un conjunto de símbolos de valor universal que hablan directamente a tu parte más intuitiva e imaginativa. Si piensas que las cartas funcionan por el método de: "Dos de Copas igual a Matrimonio", te equivocas. O al menos, te diría que no has acudido al libro adecuado. Ten en cuenta que las cartas del tarot muchas veces plantean más preguntas que las que responden. Así que "Dos de Copas" podría ser, antes que una respuesta, una pregunta: "¿Cuál es tu idea del matrimonio?".

Probablemente ahora pienses que, si es así, el tarot es una herramienta completamente inútil. Al fin y al cabo, lo que tú quieres saber es si te vas a casar o no. ¿No es así? Pero claro, más allá de una respuesta afirmativa o negativa, si lo piensas bien, hay una pregunta: "Si me caso, ¿seré feliz?". Y más allá de ésta hay otra pregunta: "¿Qué puedo hacer para ser feliz con mi pareja?". Esto, si lo piensas detenidamente, nos lleva a la pregunta de antes: "¿Cuál es tu idea del matrimonio?".

Es decir, que muchas veces es más útil formularse las preguntas correctas que alcanzar respuestas apresuradas. Si revisas tus ideas sobre la pareja y las actualizas, quizás estés en el camino de ser feliz con ella, que es, al fin y al cabo, lo que deseas.

El mundo es complejo, todos lo sabemos. Pero para desentrañar esta complejidad, el tarot representa una valiosa ayuda. Provoca preguntas, y estas preguntas mueven a reflexiones que traen las respuestas. Muestra símbolos que nos ayudan a entender nuestra vida y las vidas de aquellos que están a nuestro alrededor. Es por tanto una linterna que disipa las tinieblas, sobre todo en los momentos en que nuestra mente está confusa, perdida entre sentimientos encontrados.

El tarot tiene también otras utilidades. Puedes saber lo que una persona siente por ti, o puedes usarlo para meditar sobre tu vida presente, pasada y futura. Es también una herramienta creativa que puede servir para traer hacia ti aquello que deseas. Pero lo más importante es que es una valiosa ayuda en la difícil tarea del crecimiento personal. Es decir, el tarot te ayudará a ser cada día más consciente y por tanto, ser una mejor persona.

Este es un libro sobre el tarot hecho para pensar. Está escrito en un lenguaje sencillo, pero está diseñado para personas como tú, que pretenden ir un poco más allá de las interpretaciones folklóricas al uso.

Por supuesto, no pretendo que comulgues con todas mis ideas. No son dogmas de fe, ni están escritas en piedra. Pero sí desearía que las consideraras y que vieras en ellas una forma de entender el tarot y la Vida de un modo constructivo y positivo.

Este libro

Este libro está dividido en tres partes y consiste un de diecisiete capítulos.

La primera parte explica qué es la baraja del tarot, su estructura y su historia. Analiza, uno por uno, los 78 naipes del tarot y da las claves para su interpretación. Cuando estudies estos capítulos, te recomiendo que tomes cada carta en tus manos y la analices mientras lees el texto que le corresponde. A la hora de escribir estas descripciones me he alejado del tono fatalista o "popular" de muchos libros del tarot. Cada naipe es un complejo conjunto de significados y aquí serán tratados de forma abierta, plural y constructiva.

La segunda parte de este libro está orientada al aprendizaje del tarot adivinatorio. En ella descubrirás cómo preparar y efectuar tiradas del tarot, así como su interpretación. Esta parte del libro trata tanto la tirada según el método de la Cruz Celta como otros métodos y explica cómo hacer tiradas para uno mismo o para otras personas.

Tanto la primera como la segunda parte contienen ejercicios prácticos en cada capítulo que te ayudarán a familiarizarte con las cartas, su significado y su manejo.

Los capítulos que forman la tercera parte son esencialmente prácticos. Están diseñados para tratar problemas concretos que se presentan en la vida de todas las personas y que pueden ser solucionados con ayuda del tarot. Aquí se presentan diversas reflexiones, tiradas, meditaciones y mandalas que pueden servir para conocer las causas de los posibles bloqueos vitales y también para alcanzar algunas soluciones.

Los grandes temas tratados en esta tercera parte son:

Los planes y los cambios

Sentimientos y relaciones

Economía y trabajo

Salud

Creatividad

Esta última parte del libro está claramente orientada hacia el autodescubrimiento y el crecimiento personal. No es necesario completar todos los ejercicios, pero sí leerlos y realizar en cada momento, aquellos que nos parezcan más apropiados para nuestras circunstancias actuales.

Te recomiendo que leas primero todo el libro de principio a fin y que luego, cuando te hayas impregnado de su filosofía, comiences por el primer capítulo, leyendo despacio y sobre todo, practicando los ejercicios. Como se ha dicho, esta es una obra práctica, que requiere un poco de tiempo y dedicación. Como recompensa, los resultados seguramente te sorprenderán.

¿Qué se necesita?

Para aprender a manejar el tarot sólo se necesita este libro, un cuaderno (como se explicará en el Capítulo 2) y, por supuesto, un mazo de cartas del tarot. No es necesario tener ningún conocimiento previo de las cartas ni sus significados. Si lo tienes, te recomiendo que dejes momentáneamente a un lado tus ideas anteriores y veas las que aquí se exponen con una mente libre de prejuicios. Al final del libro decidirás si mis ideas y ejercicios te sirven o no. Aunque lo más probable, y lo mejor, es que tomes de aquí lo que te parezca mejor y lo unas a tus propios conocimientos y experiencias.

Los naipes que usaremos pertenecen al tarot Rider-Waite, creado por Arthur Edward Waite y Pamela Coleman Smith y publicado por primera vez en 1910. El tarot Rider-Waite es probablemente el más vendido en el mundo y podrás encontrarlo con facilidad en librerías y tiendas esotéricas.

Consideramos que el tarot Rider-Waite es una baraja ideal para el principiante, ya que cuenta con imágenes que ilustran todos los arcanos menores, lo cual significa una gran ayuda a la hora de aprender e interpretar su significado. Otros tarots como el de Marsella y los derivados de él, no muestran imágenes en el arcano menor.

Hay varios mazos muy similares al Rider-Waite. Los cuatro que se citan a continuación son perfectamente aceptables para seguir este libro:

Universal Waite. Muestra líneas más finas y detalles y colores más definidos que el Rider-Waite. Las figuras tienen además, más volumen y sombra.

Original Rider Waite. Es una reproducción exacta de los dibujos originales de Pamela Coleman Smith, pero es menos colorido que el Rider-Waite. Algunos colores varían mucho de una versión a otra.

Albano Waite. Respeta el grosor original de las líneas, pero muchos colores cambian empleando unos tonos mas brillantes y profundos.

Golden Rider. Este tarot ha sido completamente redibujado y muestra muchos más detalles que los anteriores. Los colores son metálicos.

I.

El tarot

1. La baraja del tarot

La baraja

El tarot es un conjunto de 78 cartas de profundo contenido simbólico que ha sido utilizado desde la antigüedad para predecir el futuro y como clave para conocer secretos ocultos en uno mismo y en los demás.

Cómo expresa Court de Gébelin:

> *Los triunfos [naipes del Arcano Mayor del tarot], que suman veintidós cartas, representan en general a los líderes temporales y espirituales de la sociedad, los poderes físicos de la agricultura, las virtudes cardinales, el matrimonio, la muerte, y la resurrección de la Creación; los variados juegos de la fortuna, la sabiduría y la estupidez, el tiempo que todo lo consume, etc.*

El tarot es una herramienta que nos permite conocernos a nosotros mismos y cómo nos relacionamos con el mundo que nos rodea. Con esta baraja aprenderás a entender el pasado, para así comprender plenamente los acontecimientos presentes. El tarot es una llave que te permitirá abrirte plenamente al futuro, sin temores ni bloqueos. Es también un instrumento para conocer a las personas que te rodean y cómo mejorar tu relación con ellos.

Para poder expresar este conocimiento, el tarot emplea un lenguaje simbólico que es intemporal y que trasciende cualquier marco geográfico. Este conjunto de símbolos no pertenece a nadie y sin embargo es de todos. Habla lo mismo al sabio que al aprendiz, aunque cada uno interpreta este lenguaje según su capacidad.

No hay, por tanto, una interpretación "correcta" o "única" de las cartas, como no hay una forma única de acercarse a su misterio. Por esto, quien quiere encontrar en el tarot una herramienta que le permita conocer el futuro, la encuentra. Aquel que busca profundos secretos esotéricos, tiene en el tarot a un aliado. Si es consejo espiritual o guía psicológica, puede hallar respuestas en las cartas. El tarot es un conjunto de símbolos de profundo carácter arquetípico que conecta con lo más profundo de nosotros. Es un libro de complejidad creciente que podemos comenzar a leer en cualquier capítulo.

En este curso de tarot, aprenderás a usar las cartas desde una perspectiva centrada en el autoconocimiento y el crecimiento personal. De este modo, encontrarás en ellas una ayuda para avanzar en tu propio camino, así como un método para conocer lo que está oculto dentro de ti. Así mismo, podrás aprender a ayudar a otras personas en su camino vital, enseñándoles a conocer y a evitar sus patrones de conducta más negativos.

En contra de lo que muchos creen, el tarot no es siempre una herramienta predictiva. El hecho de que una carta se repita con frecuencia en tus lecturas no indica necesariamente un pronóstico del futuro. Quizás puede estar indicando algún problema del pasado que debes conocer y resolver.

Las cartas no determinan el futuro, ni se refieren a acontecimientos inevitables. Sus veredictos no están escritos en piedra. Simplemente señalan probabilidades basadas en tus deseos, tu personalidad y la situación que te rodea. Analizando sus mensajes, puedes descubrir las causas que provocan esos acontecimientos aparentemente inevitables y puedes aprender a modificar esas causas.

En la actualidad existe una gran variedad de tarots a nuestra disposición. Las cartas que vamos a utilizar en nuestro curso corresponden al llamado Tarot Rider-Waite, obra de Arthur Edward Waite y Pamela Coleman Smith. Este tarot sigue el esquema estándar y consta de 78 naipes divididos en dos grupos de cartas conocidas como arcanos mayores y arcanos menores.

Arcanos mayores

Los arcanos mayores, también llamados "triunfos", son 22 cartas que muestran imágenes de fuerte carácter arquetípico. Como su propio apelativo indica, los arcanos mayores son más importantes y tienen más peso que los menores. En una lectura les daremos siempre mayor relevancia y significado.

Arcanos menores

Los arcanos menores son un conjunto de 56 cartas que se asemejan a una baraja normal. Están divididos en cuatro palos de catorce cartas cada uno. Estos palos se ordenan del siguiente modo:

Bastos (Wands)

Copas (Cups)

Espadas (Swords)

Oros (Pentacles)

Cada palo de los arcanos menores contiene 14 cartas:

Un As (Ace)

Cartas Numeradas, que son nueve naipes numerados del 2 al 10 (Pip Cards)

Figuras o Cartas de la Corte: Sota, Caballero, Reina y Rey (Court Cards)

En muchos tarots, los arcanos menores se asemejan en su diseño a una baraja normal, es decir, muestran el mismo objeto repetido varias veces (tres copas, cinco espadas, etc.). El Tarot Rider-Waite tiene la ventaja de presentarnos una imagen alegórica para cada arcano menor, lo que facilita mucho su aprendizaje.

Arcanos Mayores	Arcanos Menores			
	Bastos	Copas	Espadas	Oros
0. El Loco	As	As	As	As
	2-10	2-10	2-10	2-10
	Sota	Sota	Sota	Sota
	Caballo	Caballo	Caballo	Caballo
21. El Mundo	Reina	Reina	Reina	Reina
	Rey	Rey	Rey	Rey

El nombre del juego

La palabra tarot proviene del mismo término francés, que es una derivación del italiano tarocco (plural tarocchi). Según el *Diccionario de la Real Academia*, el tarot es tanto la baraja empleada en cartomancia como el juego que se practica con ella.

Mucho se ha discutido sobre el origen y significado de esta palabra. Para Gébelin, el origen del término tarot es egipcio y su significado vendría a ser "el sendero Real". Otros autores señalan que este término es un toponímico relacionado con el río Taro que discurre por el Norte de Italia, justo en la región en que surgieron las primeras barajas conocidas.

MacGregor Mathers describió distintos anagramas derivados de la palabra taro:

Tora: Ley (Hebreo)

Troa: Puerta (Hebreo)

Rota: Rueda (Latín)

Orat: Hablar, Rezar (Latín)

Taor o Taur: Diosa egipcia de la oscuridad

Ator o Athor: Diosa egipcia de la alegría

La baraja del tarot está constituida por setenta y ocho cartas o naipes. Aunque la Real Academia declara que la palabra "naipe" es de etimología discutida, su origen parece árabe. En este idioma hay dos palabras muy similares, naib, que significa "visir" y nabi, "profeta". En las primeras referencias que existen en España sobre el juego de las cartas se emplea el término "naibs".

Otro de los términos relacionados con el tarot es "arcano". Cada naipe es un arcano y, como hemos visto, los naipes se dividen entre arcanos mayores y menores. La palabra arcano proviene del latín arcanum y significa "secreto".

El manejo

Recuerda siempre que tu baraja de tarot es un amigo fiel, que se debe tratar con respeto y consideración. El tarot sirve a un solo dueño y no debe ser utilizado por ninguna otra persona. Nunca uses la baraja para fines distintos a la adivinación o meditación. Las cartas del tarot no son un juguete para niños, ni se deben emplear para los juegos de cartas habituales.

A la hora de trabajar con el tarot, lo que cuenta es tu propio estado interior. Si reservas tus cartas para fines serios y las sientes como algo completamente tuyo, el simple hecho de tenerlas en la mano te ayudará a conectar con ellas y estarás en mejor disposición para descifrar sus mensajes. Es recomendable manejar y mezclar las cartas siempre de la misma manera. De este modo, se refuerza tu predisposición mental.

Una baraja de tarot no es un objeto más, ni siquiera es comparable a cualquier otro tipo de baraja. Si trabajas con el tarot durante un tiempo, acabarás por establecer un vínculo afectivo con las cartas. La razón de este fenómeno podría hallarse en el hecho de que los naipes, con su potente contenido arquetípico, conectan directamente con tu parte más profunda, llámese inconsciente, Yo superior, alma, hemisferio cerebral derecho, etc.

Las cartas sufren cierto desgaste durante su manipulación y mezcla. A la hora de mezclarlas hay que evitar métodos bruscos como combar las cartas con los dedos para mezclarlas en abanico (al estilo de los jugadores de póker) u otros sistemas como dividir el mazo en dos e intentar introducir una parte en otra golpeando los filos de los naipes.

Hay varios métodos recomendados para mezclar las cartas, que aprenderás con detalle en el Capítulo 9. A continuación te presento varios sistemas de forma resumida:

> Toma las cartas en la mano derecha. Empuja, con el pulgar, pequeños paquetes de cartas a la palma de la mano izquierda. Sitúa cada nuevo paquete alternativamente arriba y debajo del nuevo mazo que se formará en esta mano. Cuanto más pequeños los paquetes, mejor será la mezcla. A continuación, devuelve el mazo a la mano derecha y vuelve a mezclarlo tantas veces como desees.

> Extiende las cartas boca abajo sobre la mesa. Con las dos manos, mezcla las cartas en círculos hasta que lo consideres apropiado.

> Coloca el mazo de cartas boca abajo sobre la mesa. Con la mano derecha corta el mazo por la mitad, situando el paquete inferior sobre el superior. Repítelo tantas veces como desees.

> Toma el mazo boca abajo con la mano izquierda. Extrae las cartas una a una con la derecha y sitúalas alternativamente en varios montones. Una vez hayas extraído todas las cartas. Recoge los paquetes de cartas hasta formar un solo mazo.

Es conveniente también, disponer de un tapete sobre el cual mezclar o echar las cartas, ya que deslizar los naipes sobre superficies duras como la madera provoca un desgaste progresivo. El tapete puede ser un trozo de fieltro cuadrado de unos 50 cm. de ancho o más. El color de la tela no tiene importancia, aunque recomendamos el verde o el negro, pues ayudan a fijar la vista sin cansarla y además, eliminan distracciones.

Cuando no lo utilices, debes guardar tu mazo de cartas en un lugar seco y tranquilo, lejos del alcance de otras personas. Recuerda por último que no hay ninguna "regla mágica" para hacer que el tarot funcione. Lo único que realmente cuenta es tu sentimiento hacia las cartas y la familiaridad que alcances con ellas.

Mucha gente piensa que usar el tarot requiere un don especial, que sólo está al alcance de algunos pocos afortunados. Pero esto no es cierto, créeme. Conectar con el tarot es mucho más fácil de lo que imaginas, y está a tu alcance. Te invito a que realices el Ejercicio práctico número 1: "Tu baraja del tarot", que encontrarás en la página 183. Si aún no tienes tu baraja Rider-Waite, este ejercicio te orientará en su búsqueda. Con él aprenderás también a cuidar y conservar tus naipes, y, lo que es más importante, aprenderás los mejores métodos para conectar con las cartas y establecer un potente vínculo mental y afectivo entre ellas y tú. Este es el comienzo de una gran amistad.

2. Historia del tarot

Primeras noticias

El origen histórico del tarot es un misterio y probablemente lo será siempre, pues todas las referencias documentales se agotan entre los siglos XIV y XV y más allá de estas fechas sólo contamos con sombras y especulaciones. Seguramente, el misterio que rodea los orígenes del tarot ha dado origen a dos historias (no necesariamente opuestas) de la baraja. Una de esas historias es la que podríamos llamar "documental" y otra, que corre paralela a ésta y que podemos denominar "mítica". A continuación resumiremos la historia documental del tarot haciendo referencia a los mitos que alrededor de la enigmática baraja han ido surgiendo a lo largo del tiempo.

Sabemos que los juegos de naipes son un invento oriental. Debemos al pueblo Chino la invención del papel y la xilografía (método de grabación e impresión a partir de planchas de madera). De China y la India nos han venido juegos muy conocidos como el ajedrez, los dados o el dominó, juegos que tuvieron desde su origen un significado adivinatorio aparte de lúdico. La llegada de las primeras barajas a Europa se debe, con toda probabilidad a los pueblos árabes, auténticos intermediarios entre Oriente y Occidente.

Las primeras referencias documentadas sobre el tarot en Europa se remontan a 1367. En este año, una ordenanza atribuida a Konrad Justinger, de la ciudad de Berna en Suiza, prohíbe los juegos de cartas. En los años siguientes, comienzan a surgir documentos relacionados con la baraja en diversas ciudades de Suiza y el Norte de Italia. En ellos descubrimos que los juegos de cartas son un pasatiempo nuevo, desconocido hasta entonces.

En 1392 el tesorero del rey Carlos VI de Francia anota el pago de 56 Soles de París a:

> *Jacquemin Grigonneur, pintor, por tres paquetes de car-*
> *tas, doradas y coloreadas, y con ornamentos varios,*
> *para la distracción del rey.*

Durante mucho tiempo se creyó que diecisiete antiguas cartas depositadas en la Biblioteca Nacional de París corresponden al Tarot Grigonneur, pero investigaciones recientes han descartado esa teoría.

Los naipes del arcano mayor más antiguos que conservamos pertenecen al llamado Tarot Visconti del que existen once juegos de cartas. La mayor parte de estos naipes parecen ser obra del artista Bonifacio Bembo y se hallan dispersos entre varios museos, colecciones e instituciones. Este tarot se data entre 1428 y 1450 y muestra bellas imágenes pintadas a mano sobre fondos dorados. En cualquier caso es significativa la ausencia de dos cartas "conflictivas": El Diablo y La Torre.

Gracias a un sermón predicado en Umbría entre 1450 y 1470 sabemos que "hay tres clases de juegos de fortuna, llamados dados, cartas y triunfos (trionfi)". De estos últimos se nos dice que "hay 21 triunfos, que son los 21 escalones de una escalera que conduce al hombre a las profundidades del infierno". De estas palabras inferimos que en esta época se consideraba a las cartas del tarot (trionfi) un elemento separado de las cartas normales de juego. Además, conocemos la calificación moral que comportaba el uso de los trionfi: "no hay nada tan odioso a Dios como el juego de los triunfos".

Las primeras barajas europeas eran, sin excepción fruto del trabajo de artesanos y artistas, a veces conocidos y otras anónimos. Se elaboraban a mano por encargo de los nobles y costaban sumas de dinero elevadas. Pero en el siglo XV, con la invención de la imprenta en bloques de madera, las cartas se hicieron más populares y alcanzaron a las clases bajas de la sociedad. Estos primeros naipes eran impresos en dibujos lineales en negro y coloreados a mano con pinceles de diverso grosor.

En los primeros años del tarot, existió una gran diversidad de barajas en toda Europa. Algunas contaban con 98 naipes, otras pasaban de los 100, y algunas tenían más de 140. Los tarots podían incluir símbolos tan heterogéneos como los signos del Zodíaco o las virtudes teologales. Su uso principal era el juego, aunque también se empleaban para la instrucción de los jóvenes, en su mayoría analfabetos. En cualquier caso, los arcanos mayores han cambiado poco desde sus orígenes. Una baraja italiana de finales del siglo XV contenía los siguientes naipes:

0. El matto sine nulla	El loco
1. El bagatella	El saltimbanqui (el mago)*
2. Imperatrix	La emperatriz
3. Imperator	El emperador
4. La papessa	La papisa
5. El papa	El papa
6. La temperentia	La templanza
7. L'amore	El amor
8. Lo caro triumphale	El carro triunfal
9. La forteza	La fuerza
10. La rotta	La rueda (de la fortuna)*
11. El gobbo	El jorobado (el ermitaño)*
12. Lo impichato	El colgado
13. La morte	La muerte
14. El diavolo	El diablo
15. La sagitta	La flecha (la torre)*
16. La stella	La estrella
17. La luna	La luna
18. El sole	El sol
19. Lo angelo	El ángel (el mundo)*
20. La iusticia	La justicia
21. El mondo	El mundo

---

* Los nombres entre paréntisis son los arcanos mayores que han cambiado en la baraja Italiana.

A medida que los naipes se popularizaron, la persecución religiosa contra su uso fue creciendo. Los naipes fueron censurados en Castilla, Florencia, Alemania, París y el Norte de Italia. En 1452, Juan Capistrano ordenó que se quemara una gran pila de cartas en el mercado de Nuremburg como si se tratara de brujas reales. Pero a pesar de esta persecución, el pueblo llano siguió usando las cartas tanto en el juego como con fines adivinatorios, aunque siempre bajo la atenta mirada de la iglesia católica.

Hacia finales del siglo XVI y comienzos del XVII los fabricantes de cartas de la ciudad de Marsella crearon un mazo de cartas que, con el transcurso del tiempo, se ha convertido en un estándar. El Tarot de Marsella sigue siendo uno de los más utilizados aún hoy en día. Una de las particularidades de este tarot es la gran cantidad de elementos esotéricos que contiene. Probablemente, los artistas que lo crearon tendrían, como sucede actualmente, una inquietud de tipo espiritual o trascendente. Incluso es probable que mantuvieran lazos con hermandades iniciáticas como sucedía en otros gremios. Así, de copia en copia y de ciudad en ciudad, el tarot pudo evolucionar hasta su forma moderna.

El renacimiento del tarot

El renacimiento del tarot como herramienta espiritual tuvo que esperar a una época de mayor libertad, el siglo de las Luces y la Revolución Francesa. En 1781, un ilustrado francés, Antoine Court de Gébelin publicó una obra que reunía el resultado de dos décadas de investigaciones, *Le monde primitif*. Gébelin, teólogo y francmasón, es considerado por esta obra como uno de los padres del ocultismo europeo. En ella rescató el tarot del aparente olvido en el que estaba sumido. Unió cartomancia y alquimia y declaró que el origen de la baraja se encontraba en el Egipto antiguo. Según su teoría, el tarot es un antiguo libro egipcio, obra del dios Thot, que escapó de la decadencia de la cultura del Nilo y se difundió por diversos países. El propio Gébelin relata así su primer encuentro con los naipes en 1775:

*Les eché un vistazo y tan pronto como lo hice, reconocí
la alegoría . . . Cada persona me mostró otra carta y en
un cuarto de hora el mazo había sido examinado,
explicado y proclamado egipcio.*

El mazo de cartas que Gébelin examinó era del tipo de los naipes Marsella. Aunque él ignoraba que dichas cartas no representan las imágenes "originales" del tarot, construyó toda su teoría sobre ellas. Algunos de los símbolos que Gébelin considera egipcios (el ibis en el arcano de la Estrella, los cuernos de Isis en La Sacerdotisa, la Triple Cruz del Sumo Sacerdote, etc.), no se encuentran en los mazos más antiguos. El Tarot de Marsella presenta grandes variaciones con respecto a barajas anteriores, siendo un enigma el origen real de estas variantes, aunque como ya se ha señalado, es probable que estas variantes se deban a la influencia de algunos miembros de sectas religiosas o sociedades secretas.

Hay que considerar también que la hipótesis de Gébelin surge en una Francia donde todo lo egipcio estaba de moda. El país del Nilo y su cultura suscitaban entonces una fascinación especial, siendo común el que muchos intelectuales vieran en Egipto la cuna de todos los saberes. La hipótesis de Gébelin encontró pues un terreno abonado, y tuvo por ello un profundo impacto en la sociedad. Dicho impacto continúa vigente en nuestros días, gozando aún esta teoría de gran predicamento en determinados círculos esotéricos.

Uno de los seguidores de Gébelin, un peluquero metido a cartomante que respondía al seudónimo de Etteila, confeccionó un tarot Egipcio y escribió una docena de libros sobre la baraja. Entre ellos destaca *Le livre de Thot* (1783) en el que, yendo más allá del origen egipcio de la baraja, la conecta también con la Cábala hebrea. Etteila fue el primer "adivino" en el sentido moderno del término. En su lujoso apartamento de París recibió a muchos personajes famosos en los turbulentos tiempos de la Revolución Francesa.

La hipótesis egipcia sufrió un duro revés con el descubrimiento y traducción de la piedra de Rosetta, que permitió comprender, por vez primera, la lengua jeroglífica egipcia. Del estudio de los textos egipcios no ha surgido ninguna conexión significativa con el tarot. Pero esta dificultad de demostración en ningún caso ha desanimado a los defensores de la teoría egipcia.

Uno de los defensores de la teoría fue J. A. Vaillant. En 1857, Vaillant, gran estudioso de la etnia gitana, publicó un libro en el que relacionaba a este grupo humano con el tarot. Según la creencia popular, el origen de los gitanos, pueblo conocido por su interés en las artes adivinatorias, se hallaba en Egipto. De este modo, el trashumante pueblo romaní parecía un candidato propicio para ejercer de "eslabón perdido" entre el supuesto origen egipcio y la expansión medieval del tarot.

La "hipótesis gitana" fue pronto objeto de fundadas críticas. Aunque ciertamente existe la posibilidad histórica de que los gitanos fueran el agente encargado de la expansión del tarot, ni su origen (proceden de la India, no de Egipto) ni sus "especialidades adivinatorias" prueban su conexión con el tarot. Los gitanos emplean tradicionalmente la quiromancia (lectura de las líneas de la mano) como método adivinatorio y, al usar la baraja, usan las cartas normales de juego antes que el tarot.

Otro de los estudiosos franceses del siglo XIX fue Eliphas Lévi (cuyo nombre real era Alphonse Louis Constant). Lévi, un antiguo sacerdote, dedicó su vida al estudio y divulgación de las ciencias ocultas y el misticismo. En el terreno del tarot, Lévi desarrolló una extensa correlación entre la baraja y el sistema místico hebreo, la Cábala. Según él, el tarot fue el libro de sabiduría del pueblo judío, creando así un nuevo mito sobre el origen de la baraja. Pero no sólo creó este nuevo mito, sino que vio en el tarot una llave a la sabiduría ancestral, una máquina filosófica que reúne todo el conocimiento posible:

> *Una persona en prisión, sin otro libro que el tarot, si supiera usarlo, podría en pocos años adquirir conocimiento universal y sería capaz de hablar de todos los temas con inigualable sabiduría y elocuencia.*

Para entender el optimismo de Lévi, hay que comprender que la Cábala es un sistema filosófico según el cual cada letra del alfabeto hebreo es una expresión de las fuerzas y hechos fundamentales de la creación. Conocer los secretos de la Cábala equivale a conocer el mundo de una forma que supera a lo meramente intelectual, significa colocarse en un lugar semejante al ocupado por Dios.

Uno de los discípulos aventajados de Lévi fue Gérard Encause, un médico francés nacido en España, que es conocido por su sobrenombre, Papus. Su libro fundamental sobre el tarot es *El tarot de los Bohemios* (1889), en el cual hace hincapié en la hipótesis gitana (Papus llama "bohemios" al pueblo romaní). Tras decretar, ingenuamente, la muerte del materialismo, Papus declara que la sabiduría ancestral fue entregada a los gitanos en forma de baraja. El bohemio es, según Papus, un hombre "ignorante y vicioso" al que su baraja le permite vivir (echando la buenaventura) y distraerse con el juego. Aunque no introduce nuevas ideas, Papus, elabora y refina los conceptos que ya existían en la tradición, estableciendo un nexo entre la Cábala y los fundamentos de la magia ceremonial, como veremos a continuación.

El tarot moderno

El 1 de Marzo de 1888 tuvo lugar un suceso que cambiaría la historia de los movimientos esotéricos y, por ende, del tarot. Ese día se fundó en Londres la Orden Hermética de la Golden Dawn (Amanecer Dorado) formada por un entusiasta grupo de investigadores, artistas y aprendices de mago. La Orden había comenzado su andadura un año antes, cuando el Reverendo A.F.A. Woodford "descubrió" un antiguo manuscrito cifrado. Este manuscrito transcribía una serie de rituales esotéricos de una Orden europea conocida como Aurora Dorada. Woodford, que era real miembro de la Sociedad Rosacruz, entregó esta información a otros miembros de la misma sociedad el Dr. Woodman y el Dr. Westcott. Ambos tomaron contacto con la rama continental de la sociedad y recibieron permiso para fundar una orden en Inglaterra.

Aunque las investigaciones modernas señalan que toda la historia fundacional de la Golden Dawn no es más que un fraude bien elaborado, estos orígenes tienen poco que ver con el significado y valor de este grupo, que reunió a algunas de las mentes más lúcidas y creativas de su tiempo. Una de las características que distinguían a la Golden Dawn respecto a otras sociedades iniciáticas de la época como la Masonería o la Rosa Cruz, es que se trataba de un grupo abierto, que admitía tanto a hombres como a mujeres en su seno.

La Orden comprendía varios grados que iban siendo adquiridos por los miembros a través de sucesivas iniciaciones.

El motor de la Orden fue Samuel L. MacGregor Mathers, un hombre de carácter autoritario y excéntrico, pero dotado de un gran carisma. Fue él quien creó gran parte de los rituales de la Orden y era, además, un estudioso del tarot y la Cábala. Bajo su dirección, la Orden construyó un sistema mágico moderno que incluía estudios de astrología, alquimia, numerología, experiencias visionarias, magia ritual, Cábala y tarot. Dentro del sistema de la Golden Dawn, el tarot se estudió dentro de un amplio contexto esotérico. Cada miembro debía copiar su propia baraja a partir de un modelo, lo que condujo a la creación de un elevado número de cartas altamente personalizadas. El tarot era luego empleado en rituales de visualización, meditación y viajes astrales.

La Golden Dawn tuvo una vida relativamente corta y sucumbió entre las disputas de sus adeptos. Sus rituales, aunque secretos, fueron dados a conocer por antiguos discípulos, y algunos los emplearon en la creación de nuevos grupos esotéricos. En cualquier caso, el impulso que la Orden dio al estudio del tarot y las repercusiones posteriores representan un momento fundamental en nuestra historia de la baraja.

Uno de los miembros más destacados de la Golden Dawn fue Arthur Edward Waite. Tras los problemas internos de la orden, Waite tomó el control del templo londinense en 1903 lo que produjo la salida de la misma del grupo liderado por el poeta Yeats. Waite era un hombre profundamente interesado en la alquimia y el tarot, y sentía la obligación moral de corregir los errores y especulaciones fantasiosas que se habían creado entorno a la baraja.

En 1910, Waite publicó su libro más famoso: *Pictorial Key to the Tarot* (*Clave pictórica del tarot*) que se edita aún en nuestros días. En esta obra fundamental, Waite denuncia como falsa la noción del origen egipcio del tarot, así como otras creencias populares. Según sus propias palabras, el tarot "no tiene historia anterior al siglo XIV". Su contribución más significativa consiste en reconocer la importancia de la alquimia y la cábala como medios para comprender la naturaleza del tarot. Según reconoce, el tarot es, básicamente, un sistema de símbolos:

*El tarot comprende representaciones simbólicas de ideas
universales, detrás de las cuales yace todo lo implícito
en la mente humana, y en este sentido contiene una doc-
trina secreta, que es la realización de unas cuantas ver-
dades imbuidas en la conciencia de todos...*

El libro de Waite estaba ilustrado con un nuevo conjunto de imágenes de cartas del tarot. La autora de estos dibujos era Pamela
Coleman Smith, una artista norteamericana, miembro como él de la
Golden Dawn. Smith se crió en Jamaica y se estableció en Inglaterra
como diseñadora e ilustradora teatral. La baraja, publicada conjun-
tamente con el libro por la editorial Rider, fue pronto conocida
como Rider-Waite y sigue siendo la más vendida en todo el mundo.

Uno de los personajes más controvertidos que surgieron del
seno de la Golden Dawn fue el mago Aleister Crowley. Este personaje, conocido por su sobrenombre de "La Bestia" o, como se dijo
de él en la prensa: "el hombre al que nos gustaría ahorcar", fue el
causante directo del cisma que sacudió a la Golden Dawn en
1903. Crowley era sin duda un hombre singular: drogadicto, bise-
xual, libertino, mentiroso y brutal; pero también un mago de primera categoría, un excelente escritor y un estudioso capaz de crear
un sistema filosófico propio.

Crowley hizo su aportación a la historia del tarot a través de la
publicación de su obra *The Book of Thoth* (El Libro de Thoth) al
que acompañaba una nueva baraja creada por él en cooperación con
la artista Lady Frieda Harris. A pesar de las resonancias egipcias del
título del libro, para Crowley, el origen del tarot es irrelevante, e
incluso aunque se supiera con certeza cuál fue su origen, de acuerdo
con sus palabras el tarot debe ser entendido como "una representación de las fuerzas de la naturaleza tal y como fueron concebidas por
los antiguos de acuerdo a un simbolismo convencional". Así, el tarot
es "más allá de toda duda un intento deliberado de representar, en
forma pictórica, las doctrinas de la Cábala", ya que presenta un
resumen o esquema de dichas fuerzas naturales.

Los tarots de Waite y Crowley parten de una misma idea, que la
naturaleza del tarot es la de una herramienta simbólica. Pero sus
resultados finales son bastante diferentes. El tarot de Waite está
diseñado con colores primarios, mostrando imágenes simples, casi

infantiles. Cada figura del tarot está repleta de símbolos tradiciona-
les o alquímicos, de modo que el diseño de cada vestido o el color
de las flores o de los paisajes transmiten un significado. En cambio,
el Tarot de Crowley es más onírico, con complejas imágenes que
invitan al ensueño o a la extrañeza. Viendo el tarot de Crowley, se
tiene la sensación de estar asomándose a otro mundo.

Nuevas perspectivas

A lo largo de la historia del tarot, observamos cómo su núcleo se
ha ido desplazando con el transcurso del tiempo. Desde sus orígenes históricos en Suiza y el Norte de Italia, el tarot vivió su renacimiento en Francia, a manos de Gébelin, Lévi y Papus. Cruzando el
Canal, la baraja llegó a su madurez en manos de los miembros de
la Golden Dawn, y sobre todo, gracias a las aportaciones de Waite
y Crowley.

El último capítulo de nuestra historia nos lleva a cruzar el Atlán-
tico rumbo a los Estados Unidos. Fue en 1910, el mismo año en que
Waite publicaba su obra fundamental, cuando un joven estudioso
del tarot fue iniciado en la logia de la Golden Dawn de Nueva York.
Se trataba de Paul Foster Case. Después de una década en la orden,
de la que llegó a ser líder, Case sintió la necesidad de crear su propia
escuela esotérica. Así, en 1920 fundó Builders of the Adytum (Cons-
tructores del Adytum, o B.O.T.A. como más se le conoce).

Case publicó en 1927 su libro *The Tarot*, editando un *tarot BOTA*
en 1931. Dicho tarot no es más que una copia del de Waite, con la
particularidad de que las figuras están compuestas por trazos en
negro, que el estudiante debe colorear. Aunque Case desarrolló profundamente las asociaciones cabalísticas del tarot, su aportación más
importante fue la de descubrir la dimensión psicológica de las cartas,
así como su relación con la numerología. En su libro anima a los estu-
diantes a "analizar el dibujo" de la carta y a "encontrar palabras que
expresen su significado en una fórmula de autosugestión. Tus propias
palabras son las mejores, y tienen mayor poder".

Otro de los norteamericanos que dieron una nueva dimensión al tarot fue Elbert Benjamin, quien fundó en 1934 la Iglesia de la Luz y cambió su nombre por el de C. C. Zain. Establecido en Los Ángeles, este estudioso publicó el primer curso de tarot por correspondencia, que era impartido en veintidós lecciones. Zain señaló la correlación entre astrología y tarot y empleó un peculiar sistema kabalístico. El tarot creado por Zain incluye símbolos astrológicos que se emplean tanto en la meditación como en la adivinación. Para Zain, que sostenía que sus teorías habían sido reveladas por "Maestros desencarnados", el origen del tarot debe hallarse en las legendarias civilizaciones de la Atlántida y Mu, pasando luego por Egipto donde sus símbolos eran empleados en ritos de iniciación bajo las pirámides.

Al estudiar la historia del tarot no podemos dejar de mencionar a un personaje que jamás escribió sobre las cartas, pero cuyas ideas han sido fundamentales en los estudios modernos sobre la baraja, este personaje es Carl Gustav Jung. El psiquiatra suizo descubrió, mediante un estudio de los mitos y creencias de toda época y lugar, que la vida imaginativa no era un lujo accidental, sino la fuerza que dirige toda experiencia humana. De este modo, las imágenes del tarot, se analizan actualmente como la representación de viejos arquetipos, comunes con casi cualquier cultura. A partir de estas ideas junguianas (sean conscientes o no), se han construido nuevas teorías, nuevos conjuntos de cartas y, sobre todo, una nueva visión sobre el tarot que ha contribuido al auge de esta baraja en los últimos años del siglo XX.

Es posible que las fabulosas teorías fundamentales del tarot no sean más que un conjunto de mitos, sin embargo, es posible también que no lo sean. Pero lo que no se puede dudar es que, desde el siglo XIV hasta hoy, la baraja ha construido una historia propia que es valiosa en sí misma. El tarot representa imágenes que apuntan a lo más íntimo de nosotros mismos y a través de esas imágenes podemos aspirar a alcanzar nuestro mundo interior. Seis siglos después, el viaje acaba de empezar.

Te aconsejo que realices a continuación el Ejercicio práctico número 2: "El cuaderno del tarot", que encontrarás en la página 186. El cuaderno del tarot es una herramienta muy importante para el aprendizaje de la baraja, pues en él tomarás nota del resultado de los ejercicios y de las lecturas que realices. De este modo tendrás un registro fiel de tus progresos que te animará constantemente a avanzar en el camino del tarot. Él será tu compañero en este viaje fascinante.

3. Los arcanos mayores

Introducción a los arcanos mayores

Los arcanos mayores son veintidós naipes que representan las claves más importantes del tarot. Podemos entenderlos como una historia muda de las experiencias que todo ser humano debe seguir en su camino de conocimiento y crecimiento personales. Para conocer esta historia con más detalle, te recomiendo que leas ahora el Apéndice 3, titulado "El Viaje del Loco".

Como ya se ha dicho, estas veintidós imágenes muestran escenas de profundo carácter arquetípico que dialogan con nosotros independientemente de nuestra procedencia o nivel cultural. Todos sabemos lo que es la Muerte, intuimos el poder del Emperador, y seguramente hemos viajado alguna vez en el Carro de la Victoria.

Los arcanos mayores muestran una variedad de símbolos de diversa procedencia que resumen los grandes mitos de la humanidad. Algunos símbolos son cristianos como el Sumo Sacerdote (que representa al Papa) o el Juicio Final. En otros arcanos vemos símbolos claramente heréticos, como la Sacerdotisa o dudosos como el Ermitaño. El Diablo es un personaje vilipendiado por la Iglesia, pero tiene el honor de ocupar una carta. Otros símbolos nos remiten a ámbitos culturales diferentes. La Rueda de la Fortuna se refiere a las Moiras o Parcas de la mitología grecolatina.

El Carro puede representar las victorias de Alejandro Magno o de Julio César. Los Enamorados muestran a Cupido. Pero también hay elementos que pertenecen claramente a esferas esotéricas como los símbolos astrológicos de la Estrella, el Sol y la Luna. La Justicia y la Muerte son en cambio símbolos tan convencionales que difícilmente podemos rastrear su origen.

Una clasificación de los arcanos mayores podría ser la siguiente:

Siete personajes que pertenecen a la sociedad humana: la Emperatriz y el Emperador, la Sacerdotisa y el Papa, el Loco, el Mago y el Ermitaño.

Dos personajes alegóricos: el Diablo y la Muerte.

Cuatro Virtudes Cardinales: la Justicia, la Fuerza, la Templanza y la Prudencia (representada por el Colgado).

Tres elementos astronómicos: el Sol, la Luna y la Estrella.

Dos cartas relativas a la suerte en la vida humana: los Enamorados y la Rueda de la Fortuna.

Cuatro elementos relacionados con la fatalidad cósmica: el Carro, la Torre, el Juicio y el Mundo.

Para Jung, los arcanos del uno al once representan la Vía Seca, o lucha del individuo contra los demás mientras que el resto constituyen la Vía Húmeda, o la lucha del hombre contra sí mismo. Otros autores clasifican los arcanos mayores en función de sus afinidades con los cuatro elementos o a partir de las veintidós letras del alfabeto hebreo. En cualquier caso, la mejor manera de comprender estos arcanos es conocerlos uno a uno y estudiar su significado.

Descripción de los arcanos mayores

0. El Loco

Comienzos • Espontaneidad • Fe ciega • Aparente locura

El Loco nos invita a:

Comenzar una aventura.

Entrar en una nueva fase.

Vivir el momento.

Ser fiel a uno mismo.

Seguir el impulso.

Significado

Entre los arcanos mayores, la carta del Loco es una de las más misteriosas. En muchas barajas carece de numeración, por lo que a menudo se la coloca al final de todas ellas o incluso entre la carta de El Juicio y El Mundo, aunque su lugar correcto es al principio del tarot, como carta número cero. Este naipe es el único de los arcanos mayores que se mantiene, bajo la forma de comodín, en la baraja normal.

El Loco da inicio a la aventura espiritual del tarot, pero por su falta de numeración es una carta que está aparte de las demás. Para comprenderla mejor tenemos que entender al arquetipo que nos muestra. El Loco es el bufón de la corte medieval, un personaje que vivía al margen y de quien nadie esperaba que siguiera las reglas comunes. El bufón era un individuo impredecible y lleno de sorpresas, que observaba el comportamiento ajeno y lo utilizaba para hacer reír.

En el dibujo de la carta, un personaje de extrañas vestiduras se encuentra al pie de un abismo, en el que está a punto de caer, mientras es mordido por un perro. El Loco mira al cielo y ríe, ajeno al desastre que puede producirse a continuación. Y decimos puede, porque esa caída no tiene por qué producirse. El Loco no ha caído y en el último momento puede hacer caso del aviso del perro y dar media vuelta. Aunque también es cierto que puede caer, pero aún así tenemos la certeza de que lo hará con una sonrisa en los labios.

En una lectura, el Loco añade algo nuevo, un giro inesperado a cualquier situación. Nos enseña a confiar en la vida ciegamente, a ser espontáneos e inocentes. La inocencia sostiene al Loco y le da alegría. Esta carta nos indica un nuevo inicio, la posibilidad de un cambio de dirección. Nos impulsa a tener fe en nosotros mismos, a mirar la vida con optimismo porque lo que ahora puede ser un precipicio que se abre ante nuestros pies, puede luego convertirse en una experiencia positiva. En resumen, el mensaje que El Loco nos susurra al oído es "no importa que tus deseos parezcan alocados o estúpidos, sigue tu corazón y confía en ti mismo".

1. El Mago

Acción • Conciencia • Concentración • Poder

El Mago nos invita a:

Ser activos.

Saber lo que se hace y por qué se hace.

Ser creativos.

Concentrar los esfuerzos.

Hacer lo que se predica.

Significado

El Mago es la representación del arquetipo masculino, el principio activo de la creación. Simboliza la capacidad de emplear las fuerzas universales para fines creativos. En el naipe, el Mago eleva su varita mágica al cielo mientras señala a la tierra con el dedo índice de su mano izquierda. Él es capaz de hacer real, aquello que pertenece al mundo de la imaginación. Sobre su mesa se observan los símbolos de los cuatro palos del arcano menor, que son a su vez los símbolos de los cuatro elementos de la naturaleza: bastos por el fuego, copas por el agua, espadas por el aire y oros por la tierra. Frente al Mago se muestra la naturaleza en todo su esplendor.

El Mago no tiene miedo de actuar y por eso es tan poderoso, cree en sí mismo y en el poder de su magia. Además, sabe lo que quiere y cómo obtenerlo. No duda porque conoce con precisión cuál es su situación. Es un eslabón más en la manifestación de las fuerzas divinas en el mundo material, y por eso es capaz de hacer milagros.

En una lectura, el Mago nos indica que ha llegado el momento de ser creativos, de atrevernos a avanzar. Si la pregunta es de carácter espiritual o filosófico, es un indicio muy positivo, pues señala que los cielos están de acuerdo a nuestros deseos. Debemos, pues, servir de instrumento a estos designios, pues son favorables para todos. En cualquier otra lectura, el Mago nos empuja a actuar y a hacerlo ya. Los milagros pueden suceder si estamos dispuestos a aceptar la responsabilidad, si aceptamos que somos poderosos y podemos cambiar nuestro destino.

2. La Sacerdotisa

Inacción • Análisis del inconsciente • Potencial interior • Misterio

La Sacerdotisa nos invita a:

Esperar con paciencia.

Usar nuestra intuición.

Conocer nuestro talento oculto.

Abrirnos a lo desconocido.

Ser observadores y receptivos.

Significado

La Sacerdotisa es la representación del inconsciente. Si el Mago nos invita a ser activos, a utilizar el poder de nuestra mente consciente, la Sacerdotisa sugiere que nos acerquemos a nuestro mundo interior. En la carta vemos a una mujer que nos mira de frente. Está vestida con un largo manto azul y lleva una cruz sobre el pecho. En su cabeza, la corona de Isis y entre las manos, la Torá, la ley secreta. A su alrededor están las columnas del templo: Jaquim y Boaz, y a sus pies una Luna creciente.

La Sacerdotisa es el principio femenino que equilibra la fuerza masculina del Mago. Esta carta representa los aspectos más desconocidos de la energía femenina, aquellos que nuestra cultura actual ignora y que tan necesarios son para nuestra total comprensión de la realidad.

En una lectura, la Sacerdotisa nos desafía a buscar en nuestro interior. Invita a mirar más allá de lo obvio, a abandonar la superficie de las circunstancias para bucear en el interior. En muchas ocasiones puede ser un aviso para que dejemos de forzar la situación y aprendamos a esperar. La falta de acción puede ser tan eficaz como la acción en algunos casos. Saber fluir con las dificultades, sin oponer resistencia, es una estrategia sugerida por este naipe.

3. La Emperatriz

Maternidad • Abundancia • Sentidos • Naturaleza

La Emperatriz nos invita a:

Crear y dar vida a nuestras ilusiones.

Expresar ternura.

Dar y recibir placer.

Apreciar la belleza del mundo.

Armonizar con los ritmos naturales.

Significado

La Emperatriz es la segunda carta femenina del tarot. En la baraja Rider-Waite, la Emperatriz es una hermosa mujer rubia ataviada con un magnífico manto. Sobre su cabeza hay una corona de estrellas y en la mano derecha lleva el cetro de su mando real. Al pie de su trono hay un escudo o cojín en forma de corazón que lleva grabado el signo de Venus. A su alrededor vemos el trigo maduro, los bosques y un río que cae en cascada.

La Emperatriz representa el aspecto fértil de la naturaleza femenina. Es la máxima personificación del arquetipo de la Madre y de la función maternal. En muchos tarots, la Emperatriz es una mujer embarazada, este aspecto no está claro en el Tarot Rider-Waite.

La Emperatriz nos anima a fortalecer nuestra conexión con el mundo natural, invitándonos a abandonar el mundo sofisticado en busca de la simplicidad y el bienestar.

En una lectura, la Emperatriz afirma la capacidad humana para crear y expresarse por cualquier medio. Es la patrona de las artes y de la concepción. Todo lo que nace o necesita ser nutrido está bajo su protección. Nos invita a dar amor y a armonizar con la naturaleza y a cambio nos ofrece recompensas que son materiales y también espirituales. Puede ser también un indicio de maternidad feliz, o de la resolución positiva de cualquier trabajo creativo.

4. El Emperador

Paternidad • Estructuras • Autoridad • Orden

El Emperador nos invita a:

Ejercitar la autoridad.

Proteger y defender a los débiles.

Establecer la ley y el orden.

Dar estructura y organización.

Ejercer el control.

Significado

El Emperador se explica por sí mismo. Si en los arcanos menores encontramos cuatro poderosos Reyes, por encima de todos ellos está el Emperador del arcano mayor. En la carta vemos a un hombre de edad avanzada que nos mira de frente sentado en su trono. Bajo su capa roja, lleva la armadura y en sus manos los símbolos del poder. En la derecha la vara de mando, en la izquierda, la bola del mundo. Es una figura firmemente asentada en la tierra simbolizada por el cuádruple carnero de su trono.

Este arcano representa la estructura y el orden que sustentan el mundo. Mientras la Emperatriz favorece la creatividad, el libre fluir de las aguas, el Emperador es la figura que regula las actividades humanas. Su número es el cuatro y su mundo es cuadrado y firme. En situaciones caóticas o desordenadas, la ayuda del Emperador es muy necesaria. En momentos de control, la presencia de este arcano puede indicar una excesiva rigidez. Quizás es difícil simpatizar con esta figura. La autoridad, el orden y la disciplina que representan no son valores muy apreciados, pero en cierta medida son necesarios.

En una lectura, el Emperador representa la necesidad del orden, la bondad de la disciplina. Nos trae el mensaje de que estas cualidades son necesarias en nuestra vida y no podemos prescindir totalmente de ellas. Por último hay que señalar que el Emperador es el líder supremo de la nación y por tanto es un claro símbolo de la paternidad y de los cuidados paternos. Así representado, mejor que ninguna otra carta, es el arquetipo del Padre.

5. El Sumo Sacerdote

Educación • Creencias • Conformidad • Identificación con el grupo

El Sumo Sacerdote nos invita a:

Adquirir información.

Estudiar y aprender.

Seguir las normas establecidas.

Seguir una disciplina.

Unirnos con lealtad a un grupo.

Significado

Este naipe nos muestra a un Papa o al Sacerdote supremo de algún culto cristiano. Su mano derecha muestra el signo de la bendición y con la izquierda sostiene una cruz. Todo en él indica rigor, firmeza e imposición de criterios. A sus pies observamos a dos acólitos con el cráneo tonsurado. Por su posición los suponemos arrodillados ante el maestro, en posición servil.

El arcano del Sumo Sacerdote representa el aprendizaje dentro de unas normas establecidas. Todo ser humano se desarrolla en el marco de una cultura y se ve influido por ella. La escuela, la universidad, las distintas iglesias, las empresas, e incluso los clubes deportivos, son expresiones de esas normas sociales. Para muchas personas es muy cómodo adaptarse a las exigencias de esos grupos de presión. Acatar las normas evita complicaciones. Pero también hay otros que se rebelan y huyen del control social.

En una lectura, el Sumo Sacerdote puede indicar la necesidad de educarnos, de buscar conocimiento dentro de los canales oficiales. Pero también puede ser un indicio de que estamos llevando esta aspiración demasiado lejos, perdiendo por tanto algo de rebeldía o de frescura. ¿Cuál es nuestra situación? Sólo nosotros podemos responder a la pregunta que formula este naipe. Actuar de conformidad a las normas puede ser positivo en algunos momentos y negativo en otros. Los grupos pueden ser enriquecedores o empobrecedores, de nosotros depende el provecho que de ellos podamos obtener.

6. Los Enamorados

Valores • Creencias personales • Relaciones • Sexualidad

Los Enamorados nos invitan a:

> Sentir el Amor.
> Buscar la unión con otras personas.
> Ser fieles a nuestras propias ideas y sentimientos.
> Afrontar decisiones éticas.
> Aprender el verdadero sentido de la libertad.

Significado

Este arcano es, probablemente, el más popular de todo el tarot. La carta de los Enamorados nos muestra a Adán y Eva, la primera pareja. Tras ellos, los dos árboles que menciona el Génesis, el árbol de la vida, detrás del hombre y el árbol del bien y del mal, detrás de la mujer. En él está enroscada la serpiente de la tentación. Sobre el cielo vemos un Ángel y el Sol en todo su esplendor.

El amor y el sexo son temas fundamentales en nuestras vidas y esta carta representa ambas cuestiones. La bendición del Ángel indica el comienzo de una relación, pero esto no significa que todo el camino esté libre de dificultades. Ahí está la tentación en forma de serpiente. ¿Seremos capaces de superar los problemas? Esta no es una carta tan simple como parece. En antiguos tarots, el Sexto arcano muestra a un hombre bajo las flechas de cupido, y junto a él, dos mujeres, una joven que representa el amor puro y otra mayor que representa la tentación. En el tarot Rider-Waite, la tentación está representada por la serpiente.

En una lectura, el arcano de los Enamorados, puede indicar su sentido más evidente, el inicio o la profundización de un amor. También puede tener implicaciones más profundas, quizás indicando un cruce de caminos, un punto de decisión en el cual debemos elegir entre el camino fácil o el difícil. La decisión es nuestra y por eso este arcano está relacionado con la libertad de acción, con el libre albedrío del ser humano. El Amor no es sólo un sentimiento compartido entre dos personas, sino una forma de relacionarnos con el mundo, de entender la realidad. Cuando amamos, nuestras creencias más profundas quedan expuestas. ¿Soñamos con el amor incondicional, con el amor para toda la vida? ¿O acaso entendemos las relaciones como un campo de trabajo, lucha y crecimiento personal? Este arcano nos exige entendernos y usar este conocimiento de forma activa.

7. El Carro

Victoria • Control firme • Autoafirmación • Deseos

El Carro nos invita a:

Alcanzar nuestros objetivos.

Disfrutar del éxito.

Mantener la disciplina en pos de un objetivo.

Confiar en nosotros mismos.

Mostrar autoridad.

Significado

El Carro de la victoria. Un guerrero regresa a casa después de haber vencido a sus enemigos, con su armadura brillante y coronado por una estrella. Como príncipe guerrero, lleva en la mano derecha la vara de mando y su carro está tirado por dos esfinges. Su victoria no es por tanto una mera victoria de las armas, es también un triunfo de la inteligencia, pues ha vencido el reto de la esfinge.

El séptimo arcano mayor representa las victorias que son posibles a través del poder de la voluntad. Estas victorias son una forma de maestría, pues se basan en la acción de un ego saludable que pretende alcanzar sus metas. Este arcano simboliza una victoria que se basa en la fuerza y la confianza en uno mismo. Es el estado en que sabemos lo que queremos y estamos dispuestos a lograrlo. El simbolismo militar de esta carta nos trae imágenes de disciplina, combate, determinación y confianza. Son los atributos del vencedor.

En una lectura, el Carro simboliza situaciones en que es preciso ejercer un férreo control. La firmeza y la confianza son herramientas imprescindibles en este momento, ya que las circunstancias son favorables para aquellos que saben luchar y tienen ambición. Es el naipe de la victoria. Pero cuando surge esta carta en una lectura también debemos pensar que donde hay ganadores, hay derrotados. El éxito es apetecible, pero la benevolencia con los vencidos puede ser muy positiva a largo plazo. Nuestra victoria presente puede convertirse en futura derrota si no sabemos ser unos dignos ganadores.

8. La Fuerza

Fuerza • Paciencia • Control suave • Compasión

La Fuerza nos invita a:

Perdonar las imperfecciones.

Confiar en nuestra propia fuerza.

Aprender el valor de la paciencia.

Convencer antes que imponer.

Atemperar la fuerza con la benevolencia.

Significado

Este arcano muestra una imagen sorprendente. Una joven mujer se enfrenta a un león. Sobre la melena de la bestia hay una cadena de flores que le encadena a la doncella. Ésta, con gesto calmado, le cierra las fauces con sus manos. Sobre ella, vemos el símbolo de la vida que ya observamos en El Mago, el infinito. Las preguntas surgen de inmediato: ¿Cómo se puede atar a un león con una cadena de flores? ¿Cómo se pueden cerrar sus fauces con las manos? Si pensamos que en los primeros tarots, este arcano mostraba a Hércules luchando fieramente con el león de Nemea, esta imagen nos resultará doblemente impactante.

La Fuerza es uno de los cuatro arcanos mayores que se relacionan con las llamadas virtudes teologales y precisamente la palabra virtud proviene del latín virtus que significa "fuerza". Pero esta "fuerza" que tanto honraban los antiguos no es la "fuerza bruta", sino la "fuerza moral", es decir, el impulso de emprender actos honorables, de hacer el bien. ¿De dónde obtiene esta doncella la fuerza para dominar al león? No de sus brazos, sino probablemente de su calma interior, de su confianza en sí misma, de su propia pureza interior.

En una lectura, la Fuerza nos señala el valor de la fuerza moral antes que el poder de la fuerza física. La diplomacia puede abrir caminos que no abren las espadas. La pureza de intenciones llega más lejos que el puro afán depredador. Esta Fuerza es una energía interior, no física, que nos impulsa a perdonar y a comprender, a ser suaves pero firmes. El león se sujeta con una débil cadena de flores, pero está sujeto. Las manos que le cierran la boca son suaves, pero están ahí, donde deben estar. La persistencia es un valor aunque nuestras energías sean limitadas. La paciencia llega lejos y la confianza en la bondad de nuestras intenciones es nuestra mayor garantía. Mientras el arcano número siete, el Carro, habla de la Victoria a través de la espada, este naipe nos enseña a triunfar gracias al poder de la persistencia.

Nota, Existe disparidad de criterios en la situación de este arcano y el número once, La Justicia. En algunos tarots, como el de Marsella, ambos naipes intercambian sus posiciones. En este curso seguimos el orden en que están situados en el tarot Rider-Waite.

9. El Ermitaño

Introspección • Soledad • Guía • Búsqueda

El Ermitaño nos invita a:

Buscar el significado de nuestra existencia.

Aprender a ser introspectivos.

Ser guiado o guiar.

Valorar la soledad y el silencio.

Apartar las distracciones y centrarnos en lo esencial.

Significado

Un ermitaño es una persona que se ha apartado del mundo para vivir en soledad. La vida de un ermitaño es muy dura, solitaria e incomprendida. ¿Por qué abandonar los placeres del mundo, la compañía de otras personas, las comodidades? Los antiguos eremitas habitaban en cuevas o en la cima de alguna montaña. Buscaban parajes sólo habitados por fieras o completamente desiertos. Todo esto para alcanzar a Dios, o quizás, para alcanzarse a sí mismos.

El impulso del ermitaño parece muy contrario a nuestra forma de vida actual. Pero ¿quién no ha sentido el deseo de meditar, de apartarse de las distracciones para mirar hacia dentro? Siempre hay algún momento de nuestra vida en que nos sentimos obligados a cuestionar lo evidente, las ideas que nos han inculcado desde niños. En realidad, en algún momento de nuestra vida, todos podemos identificarnos con este Ermitaño.

En una lectura, el Ermitaño representa una invitación a buscar el sentido de nuestra vida, a hacernos preguntas y a buscar respuestas en nuestro interior. Esta es la carta de los líderes espirituales, pero también de los que están necesitados de esta guía. Nos invita a buscar el silencio y la soledad, y a meditar. Sugiere que necesitamos un período de reflexión y seguir el viejo adagio de "Busca y encontrarás". Estudiando, preguntando y calmando la mente, alcanzaremos el significado profundo de este naipe.

10. La Rueda de la Fortuna

Destino • Movimiento • Cambio • Visión personal

La Rueda de la Fortuna nos invita a:

Sentir la acción del Destino en nuestra vida.

Experimentar el cambio.

Fluir con el movimiento de la vida.

Descubrir nuestro papel en la trama de la vida.

Buscar conexiones más allá de lo rutinario.

Significado

La Rueda de la Fortuna es uno de los pocos arcanos mayores que no muestra figuras humanas. En la Rueda vemos escritas las palabras Rota (Rueda) y el nombre hebreo de Dios: YHVH. Sobre ella, una esfinge, a un lado, la serpiente, y al otro, un personaje mítico en el mundo esotérico, Tifón. En las cuatro esquinas de la carta están representados los cuatro evangelistas, como veremos también más adelante en el naipe del Mundo.

Probablemente la falta de figuras humanas en este naipe nos indica que su centro está por encima del territorio humano, en el reino espiritual en que se decide nuestro destino. Con el giro de la Rueda cambian nuestras perspectivas y se abren o se cierran nuevas puertas. Quizá por estas razones esta carta siempre ha sido interpretada de modo fatalista, como representación de aquellos cambios que sobrevienen sin que tengamos ninguna opción.

Analizando el tarot desde una perspectiva moderna y no fatalista, vemos que la baraja es una herramienta que nos habla de opciones, de caminos que podemos tomar. Generalmente, la decisión es nuestra, y nosotros sembramos los frutos de nuestras acciones. Si avanzamos por un camino de crecimiento personal, de amor a nosotros mismos y a quienes nos rodean, obtendremos resultados más positivos que negativos. En cambio, si buscamos el enfrentamiento, recibiremos dolor e insatisfacción. El tarot nos dice que podemos elegir.

En una lectura, la Rueda de la Fortuna indica determinados acontecimientos vitales sobre los que tenemos poca o ninguna capacidad de decisión. Los cambios de la fortuna, el encuentro con nuevas personas o la pérdida de otras, suceden muchas veces sin intervención alguna por nuestra parte. La Rueda de la Fortuna es un naipe que se refiere a estos cambios. Su lección para nosotros es aprender a aceptar estos cambios y sobre todo, avanzar a partir de ellos. No podemos controlarlo todo, como no podemos dominar el viento, pero podemos deslizarnos con él y aprender a viajar a nuevos lugares.

11. La Justicia

Justicia • Responsabilidad • Decisión • Causa y efecto

La Justicia nos invita a:

Asumir responsabilidades.

Actuar de forma ética.

Buscar la igualdad y la imparcialidad.

Huir de extremismos y juicios precipitados.

Equilibrar todos los factores en juego.

Significado

El sentido de este arcano es muy claro para el principiante. En él vemos reflejada a la vieja dama de la Justicia, tal como aparece representada en alegorías y en las salas judiciales. En una mano porta la balanza que simboliza el juicio justo e imparcial. En la otra mano blande la espada de la decisión.

La Justicia puede hablarnos de asuntos legales, pero no está restringida a este significado. En la vida cotidiana estamos constantemente enfrentándonos a los sentimientos de justicia e injusticia, a acciones constructivas o destructivas, a sentimientos relacionados con el juego limpio o con el juego sucio. Es un naipe de moderación y equilibrio, que invita a buscar el camino de enmedio, a huir de los extremos.

Esta carta indica momentos en que queremos saber qué es lo correcto o cuándo recibiremos nuestra recompensa o castigo. Es la carta del karma, la que nos indica si hemos actuado correctamente o no en el pasado. Representa la ley de causa y efecto y nos enseña que recogeremos aquello que hemos sembrado.

En una lectura, la Justicia nos dice que debemos acometer nuestras responsabilidades, completar aquellas tareas que hayan quedado pendientes. El pasado puede ser una fuente de tormentos si no está resuelto, si quedan tareas pendientes. Completar, ser justos, equilibrados, es el mensaje de La Justicia.

12. El Colgado

Sacrificio • Parada • Reverso • Dejar marchar

El Colgado nos invita a:

Aceptar el sacrificio en busca de un bien superior.

Poner a los demás en primer lugar.

Dar la vuelta a la situación.

Rendirnos a la experiencia.

Detenernos a reflexionar.

Significado

Entre los triunfos, el Colgado es probablemente uno de los arcanos más misteriosos. Representa a un hombre colgado boca abajo por el pie derecho. En un primer momento podemos pensar que el personaje está sufriendo un castigo derivado de alguna falta o delito. Pero también podemos ver en él a una especie de fakir occidental o un chamán, es decir, un buscador que, a través del suplicio corporal, pretende alcanzar algún tipo de vivencia espiritual.

Generalmente esta carta se asocia con la idea de sacrificio. El sacrificio del Colgado consiste en aceptar un sufrimiento o renunciar a algo en espera de la llegada de un bien mayor. En ocasiones la vida nos pone en situaciones en las que debemos renunciar a lo que deseamos, sabiendo que esa renuncia dará frutos en el futuro. Esta es la actitud del Colgado. Es la rendición del ego a un plan superior.

Muchas veces sólo podemos controlar si damos libertad, sólo podemos ganar si sabemos rendirnos, sólo podemos avanzar si nos estamos quietos y sólo llegamos al gozo si sabemos sufrir.

En una lectura, El Colgado nos recuerda que para cada problema hay más de una solución. Poniéndose boca abajo es capaz de ver el mundo desde otra perspectiva. Como él, nosotros también deberíamos buscar caminos alternativos, quizá opuestos a todo lo que nos han enseñado. Si intentamos lograr algo con la voluntad y no logramos un resultado, El Colgado nos dice que, simplemente, intentemos ganar por la inacción. Si creemos en una verdad, nos invita suavemente a que cuestionemos esa creencia.

13. La Muerte

Final • Transición • Eliminación • Fuerzas inexorables

La Muerte nos invita a:

Cerrar una puerta para que otras se abran.

Cortar con el pasado.

Eliminar todo aquello que es innecesario.

Buscar consuelo espiritual.

Dar un salto hacia lo desconocido.

Significado

Aunque en muchos tarots se nos muestra a La Muerte empuñando su guadaña, en el Rider-Waite la vemos cabalgando en actitud victoriosa, empuñando su bandera. En nuestra cultura se ve a la muerte como un final y por esto que el arcano número trece provoca rechazo y temor. Pero si nos remitimos al sentido espiritual de la muerte (es decir, el final de un ciclo y el comienzo de otro), podemos empezar a entender este arcano en sus justos términos.

La Muerte es la carta del cambio, de la transformación. Indica el final de un período y trae consigo la semilla de un nuevo comienzo. Si no existiera el cambio ¿cómo eliminaríamos nuestros defectos? La vida es cambio constante que nos ha llevado hasta nuestra situación actual y que nos hará movernos hacia nuevas situaciones. A cada instante estamos muriendo en unas cosas para nacer en otras. Por eso, esta es una carta positiva en su capacidad de transformación.

En una lectura, La Muerte nos está pidiendo una renovación, un tiempo nuevo. Quizá hemos de renunciar a residuos del pasado, pues no alcanzaremos nada nuevo si no nos desprendemos de ellos. Nos solicita volver a lo básico, renunciar a excesos, máscaras o disfraces. También es una carta que habla de lo inevitable, porque aunque no exista un "destino escrito en piedra" si hay acontecimientos existenciales comunes a casi todos los seres humanos.

La Muerte nos dice entonces que estemos tranquilos y busquemos la fe necesaria para sobrellevar dichos acontecimientos. Evidentemente, esta carta no simboliza la muerte física y nunca debe ser interpretada de este modo.

14. La Templanza

Templanza • Equilibrio • Salud • Cooperación

La Templanza nos invita a:

Buscar la armonía en medio de extremismos.

Alcanzar un compromiso justo.

Recuperar nuestras energías.

Unir fuerzas con otras personas.

Aprender moderación.

Significado

La Templanza es como su propio nombre indica, una energía que no transmite frío ni calor, que está en su justo término medio. El arcano nos muestra un Ángel que trasvasa agua de una copa a otra. En su frente lleva el símbolo del Sol y sobre su pecho el triángulo y el cuadrado, símbolo del número siete (la mitad de catorce). Con un pie sobre la tierra y otro en el agua, parece dominar ambos elementos.

Este arcano nos habla de la necesidad de buscar el justo término medio. Ser templado es vivir con moderación, ser calmados y justos. Alcanzar un equilibrio así, incluso en medio de las dificultades de la existencia, es algo que sólo está al alcance de unos pocos, pero todos podemos aprender de este arcano a ser un poco más equitativos, más templados y más equilibrados.

La Templanza es el arcano de la salud y el bienestar físico o emocional. Para alcanzar un estado de bienestar es preciso saber armonizar las diferentes opciones que se presentan ante nosotros. Conciliar los opuestos, sumar, unir caminos, son los designios de esta carta.

En una lectura, la Templanza representa la necesidad de encontrar la moderación. Si estamos viviendo una época vital de agitación, nos recuerda la necesidad de parar y meditar seriamente nuestra posición antes de seguir avanzando. Es una carta de cooperación, que invita a solicitar la ayuda de otros, a buscar el consenso y a favorecer el trabajo en equipo. En una época agitada como la nuestra, el arcano de la Templanza tiene un mensaje muy definido para nosotros, a veces hay que saber dar un paso atrás para poder seguir avanzando.

15. El Diablo

Ataduras • Materialismo • Ignorancia • Pérdida de la fe

El Diablo nos obliga a:

Descubrir las ataduras.

Creer sólo en lo físico.

Permanecer en la ignorancia.

Elegir la oscuridad.

Pensar negativamente.

Significado

El Diablo. El personaje maldito por antonomasia. El Príncipe de las Tinieblas. El Diablo es un símbolo de todo lo malo o indeseable. Representa el lado oscuro en la lucha entre la luz y las tinieblas. En este arcano vemos al Diablo subido a una columna. Su aspecto combina elementos humanos y animales. Sus pies son garras y sus alas, de murciélago. Bajo él, un hombre y una mujer están encadenados a la columna sobre la que Satán se manifiesta.

En nuestra vida cotidiana observamos la constante lucha entre la luz y la oscuridad. La ignorancia es una manifestación de las tinieblas que sólo puede ser combatida por medio de la luz del conocimiento. El materialismo es otra forma de oscuridad, que se vence con la luminosa generosidad. Todos aspiramos a lo mejor, pero constantemente nos dejamos seducir por el camino fácil de lo tenebroso. El Diablo es entonces el símbolo del gran tentador. Por esa razón, este arcano puede relacionarse fácilmente con el número Seis, los Enamorados. En él vemos a Adán y a Eva en el Paraíso, y tras ellos, la serpiente de la tentación. En este arcano del Diablo, la tentación ha vencido.

La victoria del Diablo en nuestra vida puede ser desalentadora. Quizá nos haga preguntarnos el por qué de su existencia. Pero es que ¿acaso puede existir la luz si no hay oscuridad? No podemos conocer la felicidad si no sabemos lo que es el dolor. Una vez que hemos roto las ataduras, podemos saborear plenamente la libertad.

En una lectura, El Diablo te indica que estás atrapado en una situación muy negativa. Quizá estás cerrando los ojos ante la realidad, eligiendo ser ignorante antes que sabio. O probablemente te has encadenado al mundo material, a una situación o a una persona, olvidando tu propia naturaleza espiritual.

Por último, quizá hayas perdido la fe en tus propias posibilidades. En cualquiera de estos casos, el Diablo es un serio aviso para que reflexiones sobre tu posición actual y cambies rápidamente de perspectivas. El infierno puede ser un lugar sobre esta tierra y debes evitar caer en él.

16. La Torre

Cambio súbito • Pérdida • Caída • Revelación

La Torre nos obliga a:

Sufrir la caída.

Conocer el caos.

Reconocer las mentiras ocultas.

Dejar partir.

Acabar con las rutinas.

Significado

La Torre es una de las cartas más temidas del arcano mayor. En ella vemos una torre situada en lo alto de una montaña. En una noche de tormenta, un rayo la golpea provocando la destrucción y el fuego. Dos personajes, uno de ellos coronado, se precipitan desde la torre al abismo. El cambio es algo que no podemos evitar en nuestra vida. Cuando las circunstancias nos favorecen, intentamos evitarlo, pero en cuanto las cosas no acontecen del modo deseado, lo buscamos con ahínco. Pero el cambio viene cuando corresponde, no antes ni después. Porque en nuestra vida cada acontecimiento sucede en el momento preciso y todo tiene una razón, aunque en ese preciso instante no sepamos comprenderla.

Los cambios no siempre se producen de manera gradual. En ocasiones, nos sentimos atacados por un auténtico terremoto de sucesos que conmueven toda nuestra vida. En momentos como estos, nuestro ego es atacado desde todos los frentes y es preciso recurrir a toda nuestra paciencia y serenidad.

En una lectura, la Torre indica la necesidad o la proximidad de un cambio brusco. La manera en que respondas a esta carta, señala la mayor o menor dificultad de este cambio. Si eres capaz de reconocer que es necesario y lo vives con fe en el futuro, los daños serán de escasa cuantía. Pero si intentas oponerte al terremoto, luchar contra él, su fuerza te derribará y, como los personajes de la carta, caerás de la Torre, no importa lo rico o poderoso que seas.

17. La Estrella

Esperanza • Inspiración • Generosidad • Serenidad

La Estrella nos invita a:

Tener fe en nosotros mismos y en el futuro.

Calmar la mente y el cuerpo.

Abrirnos a nuevas ideas.

Pensar en forma positiva.

Ver la luz al final del túnel.

Significado

Si en las cartas anteriores, el Diablo y la Torre, hemos sido testigos (quizá protagonistas) del dolor y la caída, al llegar al arcano de la Estrella podemos encontrar un lugar de reposo y recuperación. Los hombres siempre han mirado a las estrellas en busca de iluminación y las han visto como un símbolo de la fe en el futuro. Si en una noche clara, vemos una estrella fugaz, siempre tenemos la tentación de pedir un deseo.

Mirar al cielo estrellado es una forma de trascender nuestras limitaciones materiales. En muchas ocasiones sufrimos porque nos creemos el centro del universo sin darnos cuenta de que nuestros problemas son sólo una pequeña gota del inmenso océano universal. La Estrella nos invita a tener fe en las fuerzas de la naturaleza y en nosotros mismos. Si alcanzamos la serenidad que las estrellas nos sugieren, quizá podamos ver otras soluciones que no habíamos observado con anterioridad.

En este arcano, una hermosa mujer vierte agua de dos cántaros, uno sobre la tierra, otro sobre el agua. Es una carta de inspiraciones. No da respuestas finales ni soluciona nuestros problemas prácticos, pero nos trae la serenidad necesaria para encontrar por nosotros mismos esas respuestas y soluciones. Si hemos pasado una época difícil, este arcano puede interpretarse como el anuncio de un nuevo comienzo, más positivo y esperanzador.

En una lectura, la Estrella te invita a abrir tu corazón y pensar de forma positiva. Hay que eliminar los miedos, los temores y sobre todo las dudas. Estás por el buen camino, aunque debes trabajar para lograr tus objetivos. Es tiempo de practicar la generosidad y la bondad. Las estrellas te bendicen.

18. La Luna

Miedo • Ilusión • Imaginación • Desconcierto

La Luna nos obliga a:

Perder la dirección y el propósito.

Tener ideas irreales.

Sufrir fobias y temores.

Tener sueños lúcidos o visiones.

Abrirnos a la fantasía y lo inconsciente.

Significado

Este arcano nos muestra una Luna creciente y poderosa. Sobre la Tierra hay tres animales que la miran: un perro, un lobo y una langosta. Entre ellos, un camino. ¿Hacia donde nos dirige ese camino que vemos en el centro de la imagen? Surge del agua de las emociones, abandona las torres de la ciudad y se dirige, serpenteante, hacia la lejanía. La Luna es un símbolo complejo. Por un lado representa el mundo inconsciente, nuestras fantasías y nuestra vida interior. Pero también puede ser un símbolo de irrealidad, terror y locura. Los perros del naipe señalan el temor irracional que debe superar todo aquel que inicia el camino. El propio camino, que no es recto, sino sinuoso, nos lleva fuera del mundo familiar y conocido a lugares que ignoramos. El hecho de que sean desconocidos no quiere decir que sean peligrosos. Quizá algo bueno nos espera allí. Hay que armarse de valor y averiguarlo. Aunque nadie nos asegura un final feliz a nuestras averiguaciones.

En una lectura, la Luna puede tener diversos significados. Quizás nos advierte que somos demasiado fantasiosos, que hemos emprendido el camino con gran ilusión dejando atrás nuestras obligaciones y responsabilidades. También puede ser, al contrario, una invitación a explorar nuestro mundo inconsciente. Probablemente sea un indicio de que estamos desconcertados y algo perdidos en nuestra situación actual. Si es así, lo primero es alejar los miedos para poder encontrar algo de estabilidad, un buen consejo, o simplemente la luz del Sol. En todo caso, siempre hay alrededor de este naipe un velo de inseguridad y fascinación difícil de interpretar.

19. El Sol

Iluminación • Grandeza • Vitalidad • Seguridad

El Sol nos invita a:

Experimentar la grandeza de la vida.

Confiar en nosotros mismos.

Convertirnos en el centro de atención.

Realizar nuestros sueños.

Disfrutar de salud.

Significado

El Sol es un símbolo muy positivo en casi todas las culturas. En el tarot es también una de las cartas más afortunadas. Parece obvio, pero ciertamente, el Sol ilumina. Esta iluminación no es sólo un acto material (diferenciar el día de la noche), sino que tiene un significado más profundo. Llamamos iluminación al proceso mediante el cual el ser humano trasciende su propia condición material para acercarse al conocimiento y al amor plenos. Para aquellas personas que están buscando conocimiento, el Sol es el mejor de los augurios, pues indica que están en el camino de alcanzar lo que buscan.

En un plano más material, el Sol nos invita a experimentar todo lo bueno de la vida. En el naipe observamos a un niño o niña feliz, montado sobre un caballo blanco. Sobre su dorado cabello, lleva adornos de piedras preciosas y una pluma. En la mano izquierda porta un estandarte escarlata. Todo en él es fuerza radiante, belleza y felicidad. Tras él hay una tapia sobre la que asoman las flores del girasol, y en el cielo, un poderoso y brillante Sol.

El niño es un símbolo de inocencia, y quizá el mensaje más profundo de este arcano es que hay que ser inocente y juguetón para poder gozar al máximo de la existencia.

En una lectura, el Sol nos invita a ser plenos, directos, audaces. Nos dice que, como el niño desnudo, no escondamos nada, sino que nos mostremos tal cual somos. Es por tanto un símbolo de la extroversión. En el terreno de la salud, este naipe es un buen augurio. Indica la curación y la vitalidad máximas. En las relaciones, nos invita a actuar con grandeza y confianza total en uno mismo. En la vida práctica da idea de generosidad, derroche y éxito. En cualquier esfera de la existencia su mensaje es: "disfruta el momento y brilla como yo lo hago".

20. El Juicio

Juicio • Renacimiento • Llamada interior • Absolución

El Juicio nos invita a:

Descubrir la alegría.

Disfrutar una nueva esperanza.

Sentir la llamada de una vocación.

Realizar una decisión difícil.

Alcanzar la absolución.

Significado

En el cielo, un Ángel toca la trompeta. Es el día del Juicio Final. Las almas emergen de sus tumbas y alzan los brazos en un gesto de admiración y felicidad. En primer plano vemos a un hombre, una mujer y su hijo, pero más allá hay más seres que despiertan del sueño de la muerte a una nueva vida.

Este arcano puede tener una gran variedad de significados dependiendo del contexto de la pregunta y de las cartas que le acompañen. Puede representar un juicio, un examen o una prueba que debemos superar. Como en el Juicio Final bíblico, nuestras aptitudes y conocimientos serán puestos en la balanza y recibiremos el premio o el castigo merecidos. Pero aunque este juicio pueda producirnos una cierta incertidumbre, hay que decir que su resolución, si surge esta carta, suele ser positiva.

En realidad, lo que observamos en el naipe es el primer acto de ese Juicio Final, es decir, la llamada. Otro de los significados posibles de este arcano es el nacimiento de una vocación. Quizás hemos descubierto un nuevo camino en nuestra vida y una voz interior nos impulsa a seguirlo. El cumplimiento de un camino vocacional proporciona una sensación de plenitud, de alegría, difícil de describir.

Por último, está la sensación de ser salvado. Las almas que se elevan de sus tumbas abandonan la muerte para comenzar una vida eterna. Cuando el ángel nos llama, podemos sentirnos renacidos. En nuestra vida hay acontecimientos que pueden hacernos sentir como si volviéramos a nacer. La carta del Juicio habla también de ese profundo sentimiento.

En una lectura, el Juicio nos invita a buscar en nuestra vida momentos para la fe, para la renovación. Expresa el profundo anhelo del alma por ser salvada, por encontrar una vocación.

21. El Mundo

Integración • Cumplimiento • Compromiso • Realización final

El Mundo nos invita a:

Experimentar la totalidad.

Cumplir los deseos del corazón.

Saborear el presente.

Cumplir un servicio.

Alcanzar un resultado.

Significado

La carta del Mundo es el último arcano mayor. Como su posición sugiere, este naipe representa la conclusión de un ciclo, el resultado final de un proceso. En él observamos a una mujer desnuda que, danzando, sostiene en sus manos dos varas similares a la que porta el Mago. A su alrededor hay una gran corona de laurel y, en las cuatro esquinas, los símbolos de los cuatro evangelistas que son también la representación de los cuatro elementos. De este modo, El Mundo representa también el pórtico de entrada a los arcanos menores.

Este arcano representa los instantes en que todo concluye felizmente. Es el premio al trabajo bien hecho. Por tanto, se relaciona con la felicidad y con el sentimiento de totalidad. La sensación de que todo funciona en armonía, de que las cosas van por su camino correcto. Invita a conectar con los demás y con nosotros mismos. La resolución de los conflictos está cercana y aquellos que hayan sido virtuosos tendrán su recompensa.

En una lectura, el Mundo indica que estás en posición de cumplir tus deseos más profundos. Es un signo altamente positivo que señala la necesidad de actuar. El Mundo es una carta relacionada con el disfrute del momento presente y representa el cierre del universo de los arcanos mayores.

Los arcanos mayores en una lectura

Los arcanos mayores tienen una gran importancia en cualquier lectura del tarot. Como ya se ha explicado, representan arquetipos de gran peso sobre nuestra vida y son por ello el auténtico corazón de la baraja. Así, cuando un arcano mayor surge en una lectura, te está indicando temas que no son mundanos o temporales. Representan tus mayores preocupaciones, motivaciones, o tus sentimientos más profundos. En ningún caso debes reducir su significado a una palabra o una frase hecha. Ante una de estas cartas hay que observar detenidamente el dibujo del naipe y formular preguntas del tipo: ¿qué me sugiere? ¿Qué relación tiene conmigo, con mi pasado, con mis creencias, con mis creencias más íntimas?

Una vez hayas meditado sobre este significado intuitivo, conviene consultar su significado en el texto de estas dos últimas lecciones. Surgirán así nuevas ideas que ampliarán (sin anular) el sentido que la carta tiene para ti. Ten en cuenta que los significados que se dan en este u otros libros no son "la verdad", y que interpretar una carta no consiste en "acertar" con el significado del libro. Tus ideas y sentimientos hacia una carta son tu primera guía para la interpretación. Las ideas aquí expuestas te servirán para enriquecer esa interpretación.

Hay que recordar siempre que todas las cartas tienen muchos niveles de análisis. Cuando usamos el tarot como una herramienta de autodescubrimiento, la cuestión más relevante es: ¿cuál de esos significados tiene sentido para mí? Algunos días, las cartas presentan significados evidentes, otros no. En ese caso hay que estar abiertos a distintas opciones. Quizá para muchas personas esto pueda ser un gran obstáculo, ya que esperan de las cartas respuestas concretas y simples. Pero ¿acaso nuestras vidas, tu propia vida, es concreta y simple? ¿Acaso el amor es siempre permanente, sincero e incondicional? O la riqueza ¿trae siempre la felicidad completa o resuelve todos los problemas? El tarot es una herramienta que puede traer luz sobre nuestra existencia, pero para poder iluminarnos, necesariamente debe reflejar la complejidad de nuestra propia vida.

Del mismo modo que tienes un signo astrológico que define tu personalidad, en el fascinante mundo del tarot también existen cartas que te describen, que descubren aspectos desconocidos de tu personalidad y que pueden convertirse en tus guías personales. ¿Quieres descubrirlas? En la página 187 encontrarás el Ejercicio práctico número 3, "Tus cartas personales". Te sorprenderán los resultados.

4. Los arcanos menores

Los palos del arcano menor

Como ya se ha explicado, los arcanos menores suman 56 naipes divididos en cuatro secciones de catorce cartas cada una. A continuación estudiaremos estas secciones y su simbolismo.

Desde el principio, los arcanos menores al igual que las cartas de juego de las cuales descienden, están divididos en varias series, que se denominan "palos". Pero los símbolos de estos palos no han sido siempre los que conocemos actualmente. En las primeras barajas encontramos una gran variedad de elementos representativos: estrellas, flechas, pájaros, halcones, espejos, columnas, lunas, anclas y otros más.

Por otro lado, los signos varían también de unos países a otros. En Francia, Holanda y los países Anglosajones usan picas, tréboles, corazones y diamantes. En Alemania y Suiza, hojas, bellotas, corazones y cascabeles. Italia y España emplean los signos que han acabado por imponerse en la organización de los arcanos menores del tarot: bastos, copas, espadas y oros.

El origen de este simbolismo es oscuro y se ignora la razón por la que se ha impuesto a otros sistemas anteriores. Según algunos autores, los cuatro palos representan las cuatro divisiones sociales de la Europa medieval: Espadas para los nobles, Bastos para los campesinos, Copas para los clérigos y Oros para los comerciantes. Otros asocian a estos signos con los cuatro símbolos de la deidad hindú Ardhanari: espada, vara, copa y anillo. Aunque la más poética de las explicaciones nos la da Pietro Aretino en *Las Cartas Parlantes* (hacia 1550) diciendo que las cartas son un juego azaroso en el cual las espadas simbolizan la muerte de aquellos que enloquecen por el juego, los bastos, el castigo para quienes hacen trampas, las copas, el vino en el que se calman las disputas de los jugadores y el oro el sustento para comer y jugar.

Para conocer la verdadera naturaleza de los cuatro palos del tarot debemos estudiar su significado de acuerdo a los símbolos de la tradición filosófica occidental. De este modo podemos decir que los cuatro palos representan los cuatro elementos básicos que son el fundamento del mundo que conocemos. El Fuego, el Agua, el Aire y la Tierra son algo más que meros elementos físicos. Cada uno de ellos puede equipararse a una de las energías naturales o por decirlo de otra manera, a las diferentes formas de entender la vida.

Las asociaciones simbólicas de los cuatro palos del tarot se resumen en el siguiente cuadro:

	Elemento	Polaridad	Plano
Bastos	Fuego	Masculino	Espiritual
Copas	Agua	Femenino	Emocional
Espadas	Aire	Masculino	Mental
Oros o Pentáculos	Tierra	Femenino	Físico

Como vemos, cada palo del arcano menor tiene unas cualidades diferentes. Nuestras experiencias cotidianas están teñidas de estas diferentes energías que vamos a conocer con en la siguiente página.

Bastos

Enérgico • Audaz • Creativo • Magnético • Optimista • Agresivo • Impulsivo • Presuntuoso • Confiado • Irresponsable

Los bastos son el palo de la acción, el movimiento y la creatividad. Se asocian con la confianza, el entusiasmo y el afán aventurero. La energía de los bastos es masculina y expansiva. Se mueve de adentro hacia afuera y genera una respuesta apasionada. Su energía no se estanca, sino que se impone a los acontecimientos.

Los bastos se abren camino en la vida, no esperan, ni se adaptan. Como el fuego, su acción es imparable y puede ser devastadora. Pero el fuego también es el gran purificador, el que limpia el terreno para que lo nuevo pueda encontrar espacio. Las cartas de bastos gobiernan el plano espiritual y dan respuesta a nuestras inquietudes en este terreno.

Copas

Afectivo • Calmado • Espiritual • Compasivo • Sensible • Fantasioso • Frágil • Hipersensitivo • Impresionable • Perezoso

Las copas son el palo de las emociones y las experiencias espirituales. Esta energía fluye hacia el interior y por eso, estos naipes describen estados interiores y sentimientos profundos. Como la energía de agua que representan, las cartas de copas se asocian al principio femenino. El agua es capaz de fluir y llenar los espacios vacíos. Es ésta una energía que sustenta a la vida y como los sentimientos humanos, es muy variable. Las copas no exigen cambios ni los imponen, sino que se adaptan y envuelven. Las relaciones humanas están bajo la influencia directa de estos naipes.

Espadas

Analítico • Astuto • Honesto • Racional • Sincero • Arrogante • Frío • Distante • Dogmático • Crítico

El palo de las espadas está asociado con la mente, el pensamiento y la razón. Las espadas son naipes de Aire y de carácter masculino. Como sugiere su propio símbolo, las espadas representan desafíos y juicios y están muy relacionadas con los conceptos de justicia, idealismo y principios éticos. Las cartas de espadas nos exigen pureza de intención y acción equilibrada. Si no somos capaces de alcanzar estos estados, estos naipes muestran muchos momentos de desarmonía e infelicidad. La crítica excesiva, el dogmatismo o la frialdad emocional son errores asociados con estos naipes. Las cartas de espadas representan cambios que surgen cuando no hay claridad mental.

Oros o Pentáculos

Fiable • Concreto • Competente • Organizado • Tenaz • Convencional • Materialista • Inflexible • Calculador • Perfeccionista

Las cartas de oros están relacionadas con el mundo material. Su forma recuerda a las monedas y están por ello vinculadas al dinero y al trabajo. La perfección, el esfuerzo tenaz y la competitividad están relacionadas con las cartas de oros. Representan el mundo práctico y la seguridad del plano material. Su elemento es la Tierra y en estos naipes se celebra la belleza de la naturaleza y nuestra interacción con ella. Estas cartas no se imponen, sino que exigen paciencia y firmeza. Representan la prosperidad y la riqueza, no sólo económica, sino también sentimental.

Las cartas del arcano menor

Los Ases

El as es la primera carta de cada palo. En el Tarot Rider-Waite, cada as nos muestra una mano que surge de las nubes sosteniendo el símbolo del palo correspondiente. Cada as representa las cualidades de su palo en su forma más pura. Como sugiere la imagen, un as es un regalo que viene de una fuente desconocida. Los ases son portales entre el reino de los arcanos mayores y los menores. Permiten que fuerzas poderosas pero impersonales se manifiesten en el mundo cotidiano. El as es benéfico y positivo. Si en una lectura aparece un as, esto indica que sus energías y cualidades están disponibles. Si eres capaz de tomar partido, de confiar en sus cualidades, conseguirás éxito. Los ases hablan de aventuras que están en perspectiva, de retos y de oportunidades.

Las Cartas Numeradas

Las cartas numeradas, denominadas en inglés pip cards, son las comprendidas entre el 2 y el 10 en el arcano menor. Tradicionalmente, las cartas numeradas contienen, de forma repetida, el símbolo del palo correspondiente. Dicho símbolo se dibuja de forma ordenada y geométrica y en un número igual al de la carta. Este sistema se empleó de forma generalizada en todos los tarots antiguos hasta la aparición del Tarot Rider-Waite en 1910. Este mazo de cartas muestra una imagen o escena alegórica diferente para cada una de las cartas numeradas. En la imagen se muestran de nuevo los símbolos del palo, pero formando parte de la escena. Así por ejemplo, el Tres de Copas muestra a tres damas bailando, cada una con una copa en la mano. Esta idea de Waite y Pamela Smith ha sido copiada por muchos tarots modernos.

Las cartas numeradas desarrollan las energías recibidas por el As en todos los ámbitos de la vida cotidiana. Su significado va variando a lo largo del ciclo hasta llegar a un punto culminante representado por la décima carta. Numerológicamente podríamos representar así este ciclo:

1. Comienzos.

2. Relaciones, dualidad, balance o equilibrio.

3. Síntesis, colaboración, expresión, expansión.

4. Fundamentos, estabilidad.

5. Cambio, inestabilidad, necesidad de adaptarse a la dificultad.

6. Ayuda, idealismo, perfección, cambio a mejor.

7. Cambio inesperado, percepción, visión interna, perspectivas.

8. Control, poder, organización, autonomía.

9. Se completa cada palo, máxima intensidad del ciclo.

10. Renovación a través de un nuevo ciclo. Maestría.

Las Figuras

Las figuras del tarot son arcanos menores comunes a todos los palos y que representan personajes de la corte medieval. En inglés son conocidas como court cards. Las figuras son dieciséis naipes: 4 Reyes, 4 Reinas, 4 Caballeros y 4 Sotas. A la hora de interpretarlas, estas cartas tienen una dimensión humana que no poseen las demás. Generalmente, se considera que representan a personas de nuestro entorno, o incluso a nosotros mismos o a aspectos de nuestra personalidad.

Reyes

El rey del tarot es la energía activa y poderosa. Hace impacto en el mundo a través de la fuerza de su personalidad. Tiene los atributos de los reyes antiguos: guerrero, juez, padre de la nación. Cuando se refiere a una persona, suele ser un hombre en su madurez o una figura de autoridad: padre, maestro. Su acción es externa y visible.

Reinas

La reina expresa su personalidad desde el interior. Es una figura con poder, igual que el rey, pero ese poder se expresa de una manera más sutil. La reina muestra cualidades internas y desarrollo interior. Si en una lectura se refiere a una persona, esta carta nos muestra a una mujer en su plenitud o a una figura maternal. Su acción es interna, produciendo resultados a medio o largo plazo.

Caballeros

El caballero (o caballo) es un guerrero. Expresa cualidades extremas de cada palo. Causa por ello un impacto muy fuerte en su entorno y puede ser temible. Pero también puede causar un efecto extraordinariamente positivo, dependiendo de qué lado de su personalidad decida mostrar.

En una lectura, hay que considerar tanto las características negativas como las positivas, ya que ambas puede darse. Cuando se refiere a una persona, es un joven, o alguien con características juveniles. Puede ser una mujer o un hombre, aunque es más probable este último caso. Su acción es decidida y arriesgada.

Sotas

La sota es un niño feliz y juguetón. En lecturas, indica una energía que invita a disfrutar del momento, a avanzar, a jugar, a arriesgarse. La energía de la sota no es fácil de seguir, ya que una parte de nuestra educación se basa en la represión de los impulsos. Este naipe nos recuerda la necesidad de conectar con nuestro niño interior. Cuando señala a una persona, suele ser un niño o alguien con actitudes inmaduras. Su sexo no está claramente definido. Su acción es chispeante y lúdica.

Interpretación de los arcanos menores

La interpretación de los arcanos menores es más concreta y material que la de los arcanos mayores. Se centran en circunstancias concretas antes que en grandes influencias vitales. A nivel humano, tratan el comportamiento puntual de la persona antes que su personalidad. En una lectura, los arcanos menores ocupan un segundo lugar, pero no por ello dejan de tener su importancia.

A la hora de interpretar una carta aislada, puede seguir los siguientes pasos:

1. Di el nombre de la carta en voz alta.

2. ¿Qué significa el número? Exprésalo en pocas palabras.

3. ¿Cuál es el significado del palo? De nuevo, en pocas palabras.

4. Une ambos significados, el del número y el del palo en una o varias frases.

5. Describe el diseño de la carta en voz alta.

6. ¿Qué sentimientos o ideas te provoca? ¿Qué relación tiene este naipe con tu vida presente? Toma buena nota y luego deja estas consideraciones a un lado.

7. ¿Cuál es la interpretación "del libro" sobre este naipe? La conocerás en las próximas lecciones.

8. Resumen final. Si la carta hablara, ¿qué mensaje te daría?

Veamos a continuación un ejemplo de interpretación:

1. Tres de Copas.
2. El Tres se relaciona con síntesis, colaboración o expresión.
3. Las Copas significan sentimientos o relaciones.
4. Uniendo ambos significados, veo: sentimientos compartidos. Colaboración en las relaciones. El cumplimiento o la realización de un sentimiento.
5. El dibujo de la carta muestra a tres mujeres que danzan con sus copas en alto. Sus rostros reflejan alegría y un sentimiento de hermandad. Están rodeadas de símbolos naturales.
6. Esta carta me sugiere felicidad, un sentimiento de alegría compartida. Quizá me sugiere la necesidad de compartir mis sentimientos con las personas de mi entorno.
7. El naipe se relaciona con la amistad, los sentimientos de comunidad, la fiesta.
8. Creo que esta carta me está diciendo que puedo alcanzar la felicidad si soy comparto mis sentimientos con los demás.

Este esquema representa un método eficaz y exhaustivo de análisis. Empléalo cada vez que tengas que analizar una carta. Aunque al principio parezca un poco complicado, con la práctica, se convertirá en una rutina.

En la página 190 encontrarás el Ejercicio práctico número 4: "Las cartas cortesanas" que te ayudará a entender estos naipes tan incomprendidos del arcano menor. Te animo a que realices este sencillo ejercicio que profundizará tu comprensión de estas cartas y también de ti mismo.

5. Bastos —Wands—

As de Bastos

Confianza • Fuerza • Entusiasmo • Creatividad

Descripción

Los ases del tarot representan la entrada al mundo de los arcanos menores. Su energía resume el significado de todo el palo que representan. Así, el As de Bastos es un símbolo de posibilidades, de nuevas perspectivas en los terrenos de la autoconfianza, la energía creativa y la aventura.

El As de Bastos es un indicio de que el entusiasmo y la capacidad creativa del Fuego se han instalado en alguna parcela de tu vida. Posiblemente aún no lo has notado, pero esa semilla de potencialidad está ahí plantada, esperando el momento apropiado para brotar.

El primer paso para aprovechar este don es estar consciente de él, apreciarlo y valorarlo. En cualquier momento puede surgir una nueva oportunidad, una oferta, un encuentro o un regalo. Puede ser también una idea o un impulso interior. En cualquier caso, habrá un instante en que esa potencialidad se hará consciente y es ése el momento en que debes aferrarte a ella y aprovecharla pues es una oportunidad única que no se puede dejar escapar.

En una lectura, el As de Bastos, recomienda examinar qué capacidades o deseos están creciendo en tu interior. Es el momento de ser atrevido y valiente, de arriesgar. El entusiasmo será ahora tu mejor guía y la mayor defensa. Los bastos indican poder individual y realización personal. El tiempo de la pasión y la creatividad está comenzando y hay que aprovecharlo.

Dos de Bastos

Poder personal • Originalidad • Riqueza

Descripción

Cuando el poder se convierte en una energía personal, terrena y práctica, tenemos ante nosotros al arquetipo del Dos de Bastos. En el naipe podemos observar a un hombre rico que sostiene en su mano derecha un globo terráqueo. Este hombre considera al mundo como una posesión personal, un terreno propio en el que puede manifestar su voluntad.

Si el arcano mayor del Mago simboliza el Poder como una energía impersonal que proporciona creatividad y fuerza, este arcano menor representa el poder material. Con su mano izquierda apoyada en el basto firmemente sujeto al muro, este hombre se mantiene seguro en su posición. Se trata de una persona que impone su personalidad en el terreno de las relaciones y que siempre es él mismo. Podemos imaginar que se trata de un gran señor que mira sus dominios y se siente seguro de sus posesiones.

En una lectura, el Dos de Bastos nos invita a ser asertivos, a confiar en nuestro propio poder interior. Nos invita a ser inventivos, a potenciar nuestra individualidad. ¿Cuáles son nuestros deseos o intereses? ¿Somos capaces de imponer nuestra voluntad? ¿Quién tiene el poder y quién lo busca? ¿Usamos nuestro poder de forma sabia, o somos esclavos de nuestros deseos? ¿Cuál es nuestro concepto de la riqueza? ¿Nos sentimos colmados con el desarrollo interno o con los frutos externos? Todas estas son preguntas que buscan respuesta en este naipe.

Tres de Bastos

Liderazgo • Visión de futuro • Viaje planificado

Descripción

El protagonista de este naipe nos da la espalda y subido en una montaña, mira hacia el horizonte. Su mano derecha está firmemente apoyada en un basto, y por sus vestiduras parece un hombre rico. Ante él se despliega el mar con barcos que se dirigen al horizonte. En la lejanía vemos otras tierras. Hacia ellas se dirige la visión del hombre en primer plano.

¿Quién es ese hombre en primer plano? Puede ser un comerciante, o un emprendedor que ha mandado a sus barcos a negociar con el lejano país, pero también puede ser alguien deseoso de viajar, de tomar uno de esos barcos en busca de la aventura. Sobre la altura en que se encuentra tiene una visión clara del mundo y puede hacer planes con seguridad.

El Tres de Bastos es la carta del visionario y del líder, de alguien que no reacciona inmediatamente, sino que toma distancia y tiempo. Esta persona actuará cuando sea necesario y no de forma alocada. A diferencia del Loco, este hombre está al pie del abismo, pero sabe lo que quiere y lo hará con plena conciencia.

En una lectura, el Tres de Bastos nos invita a tomar distancia sobre los acontecimientos cotidianos, a mirar las cosas desde cierta altura y en paz. Todo lo que hemos hecho o lo que podemos hacer debemos dejarlo a un lado y meditar. Estando sujetos y firmes, plantados en el suelo y apoyados en algo seguro, somos capaces de entender mejor los afanes cotidianos y verlos con otra luz.

Cuatro de Bastos

Celebración • Excitación • Libertad

Descripción

El Cuatro de Bastos nos presenta la imagen de un festejo. En primer plano, cuatro bastos sostienen una guirnalda de hojas y flores. Más atrás vemos danzarines gozosos que elevan ramos de flores y están coronados con motivos vegetales. Las personas del fondo están felizmente sentadas a una mesa. Todo en esta carta nos transmite una sensación de placer, disfrute y celebración.

El Cuatro de Bastos indica esa sensación de excitación que todos hemos sentido en los momentos más felices de nuestra vida. Representa una boda, el momento culminante de la vida de muchas personas, su jornada más recordada y celebrada. Señala un momento en que estamos "en una nube" y todo marcha por el mejor camino posible. La celebración puede ser algo planeado o puede surgir de forma espontánea, ante un acontecimiento inesperado y gozoso. En ambos casos, la felicidad que pregona esta carta es sincera y plena.

En una lectura, el Cuatro de Bastos indica el placer de vivir en armonía con la naturaleza y las ventajas de vivir en el campo. Trae un mensaje de ánimo para quienes proyecten alejarse de la ciudad.

Quienes disfrutan de la naturaleza, deben aprender a gozar más
con ella. La libertad, la ruptura de los límites o los corsés, pueden
ser también formas de disfrute y de crecimiento muy favorables.
Este naipe nos invita a romper límites físicos, mentales o emocionales en busca de una vida más plena.

Cinco de Bastos

Discordia • Competición • Molestias

Descripción

Esta carta nos muestra a cinco jóvenes armados, cada uno de ellos con un basto. Pero ¿qué están haciendo? ¿Están peleando o están jugando? ¿Luchan o imitan la lucha? La actitud de unos parece realmente guerrera, pero la de otros nos recuerda más al juego. Incluso podría tratarse de una demostración deportiva.

El Cinco de Bastos es una carta de batalla, pero de una batalla que puede ser fingida o real. Indica competición, enfrentamiento, disputas. Las cuestiones que se dilucidan no parecen ser de gran importancia, pero causan malestar y preocupaciones. Las pequeñas molestias cotidianas nos hacen sentir estancados o en regresión y en este momento parecen estar en su punto de máxima ebullición. Es necesario tener paciencia y abrir bien los ojos. Esta carta habla también de competiciones. La competitividad puede ser una energía positiva ya que nos impulsa a dar lo mejor de nosotros mismos, a esforzarnos al máximo. Pero la competitividad exagerada o dirigida a un fin espúreo, puede ser totalmente contraproducente.

En una lectura, el Cinco de Bastos invita a reflexionar acerca de los ámbitos de nuestra vida en que estamos compitiendo y a qué propósito sirve esta competencia. La rivalidad puede ser una fuerza creativa o al contrario, puede estar envenenando el corazón. La cooperación es una alternativa que hay que considerar.

Seis de Bastos

Orgullo • Éxito • Aplauso

Descripción

El Seis de Bastos nos presenta a un jinete adornado con una corona de laurel que porta un basto adornado con el mismo trofeo. La corona de laurel es un símbolo clásico de los vencedores. Este hombre, con su caballo bellamente adornado, nos recuerda a los antiguos caudillos que, victoriosos, retornan de la batalla con buenas noticias. A su alrededor, hombres a pie, elevan sus palos y le aclaman.

El sentido de este naipe es evidente, y nos recuerda claramente al arcano mayor número 7, el Carro. Indica un momento en la vida en que alzamos el éxito y lo festejamos, pero también puede señalar el profundo deseo de obtener dicho éxito. La corona de laurel señalaba en la antigüedad al atleta victorioso, y era el símbolo del dios Apolo. Esta es por tanto una carta solar y extrovertida, plena de felicidad y gozo, la carta de los ganadores.

Al ser un arcano menor, el Seis de Bastos suele indicar una victoria más material que espiritual, más externa que interna. Además, esta carta está relacionada con las buenas noticias y la elevada autoestima. Cuando entramos en una corriente de éxitos todo nos sonríe y aprendemos a valorar nuestras cualidades. Pero debemos cuidar de no caer en la arrogancia o el orgullo excesivos. El aplauso de los demás puede ser engañoso, pues como todos sabemos quienes hoy te vitorean, mañana te pueden ignorar. El éxito atrae a muchos aprovechados que desaparecen ante el primer contratiempo.

En una lectura, el Seis de Bastos nos indica el éxito, pero también nos pregunta qué pensamos hacer con ese éxito y qué estamos dispuestos a poner sobre la mesa para lograrlo. Puede tratarse de una victoria sobre uno mismo, o sobre las circunstancias. Pero si lo que pretendemos es obtener una victoria sobre otra persona, ¿será un éxito noble?

Siete de Bastos

Defensa • Agresión • Batalla

Descripción

En el Siete de Bastos se nos muestra a un joven que sujeta un palo
con ambas manos. Frente a él se alzan seis bastos en actitud ame-
nazante, ante los que él se defiende. La expresión de su rostro,
mezcla de temor e ira, nos indica que se encuentra en una situación comprometida. El terreno sobre el que se encuentra parece la
cima de una montaña. Seis personas atacan a uno, pero éste se
halla en una posición elevada y favorable. En la vida nos encontramos a veces en una situación así, en que las energías contrarias
son excesivas. Si estamos en una posición ventajosa, podemos al
menos defendernos con valor. Hay ocasiones en las que hay que
fluir, pero en otras, es propicio resistirse. La resistencia muchas
veces se confunde con el ataque o el contraataque, por lo que el
significado de esta carta se puede ampliar, incluyendo todos los
aspectos de una batalla.

Una batalla es costosa, en términos morales y materiales, por lo
que esta carta nos pide una reflexión previa. ¿Merece la pena esta
batalla? Algunas ideas o actitudes deben defenderse hasta el final,

pero en muchas ocasiones entablamos una guerra por cuestiones que no merecen realmente la pena. Hay muchas luchas de poder, en las que simplemente buscamos reforzar nuestro ego y realmente pocas guerras en defensa de un ideal o un sentimiento noble. Agresión y defensa muchas veces se confunden.

En una lectura, el Siete de Bastos nos habla de firmes convicciones, de sentimientos muy enraizados. ¿Luchamos por ellos? ¿Nos rendimos? ¿Aprendemos a fluir? ¿Intentamos una resistencia honrada? Son preguntas que sólo nosotros podemos responder, esta carta simplemente las formula.

Ocho de Bastos

Noticias • Acción rápida • Conclusión

Descripción

Esta carta nos ofrece una peculiar imagen, ocho palos o bastos vuelan sobre un campo abierto. Evidentemente, alguien los ha lanzado y, por su inclinación descendente, están a punto de caer a tierra.

El simbolismo de esta carta puede resumirse en la palabra: acción. Pero antes de actuar debemos pensar, imaginar y hablar de nuestros proyectos. Los bastos de esta carta se mueven en el aire, el mundo de las ideas, antes de alcanzar el suelo, el mundo de la realización práctica. El simbolismo de esta carta es pues evidente: "piensa y luego actúa, pero piensa rápido, pues el tiempo de la acción está llegando".

En una lectura, el Ocho de Bastos nos indica un tiempo de conclusiones que se avecinan. Todo está preparado y no es tiempo de remolonear. Todo está en movimiento y próximo a su conclusión. También es un símbolo de las noticias o la información. Los bastos vuelan hacia nosotros como las ondas de la radio o la televisión, o como las noticias, el correo o los rumores. En resumen, el Ocho de Bastos es una carta que indica una conclusión inminente y, por tanto, el inicio de un nuevo ciclo de crecimiento.

Nueve de Bastos

Defensa • Recuperación • Perseverancia

Descripción

Un hombre está de pie en un patio. Lo primero que nos llama la atención es la venda sobre su cabeza, su expresión severa y la forma en que se aferra a su basto. Tras él ocho bastos forman una empalizada. Evidentemente el hombre ha sido herido en la defensa de este lugar, pero se mantiene en pie y vigilante, preparado para volver a la lucha en cualquier momento.

El significado de esta carta está íntimamente relacionado con las múltiples batallas que debemos acometer a lo largo de nuestra vida. En muchas ocasiones, la defensa de nuestros principios o nuestra integridad, provoca hostilidad. En el campo de batalla que es a veces la vida, recibimos muchas heridas que, generalmente, son más morales que físicas. Como el guerrero del naipe, hemos sido testigos y protagonistas de muchos combates, pero debemos seguir en pie, preparados para la defensa.

En una lectura, el Nueve de Bastos nos indica precaución. Si seguimos por el camino actual, podemos resultar heridos pues las lecciones de la vida son a veces muy duras. Esto nos puede endurecer, pero no debería agriar nuestro carácter, sino hacernos más fuertes. Si eres fuerte, como el luchador del naipe, puedes mantenerte en pie y seguir viviendo. Si eres capaz de levantarte tras cada caída, nunca serás totalmente derrotado. Aunque todo parezca en contra, al final, tu persistencia te hará vencer.

Diez de Bastos

Exceso • Lucha • Limitaciones

Descripción

El hombre que se nos muestra en este naipe lleva una carga que parece demasiado pesada para él. Inclinado ante un haz de bastos, camina con dificultad hacia el castillo del fondo. El esfuerzo es tan grande que parece no ser capaz de ver el sendero, su cabeza inclinada está oculta tras los palos, permitiéndole sólo ver el suelo ante sus pies.

Observando esta carta nos viene a la mente el antiguo refrán: "quien mucho abarca, poco aprieta". El sentido de este naipe parece encajar muy bien con el modo de vida de muchas personas en la actualidad. Agobiados por el trabajo, las responsabilidades, las obligaciones, solemos caminar por la vida con el alma encogida y agobiada. En el deseo de tener más, de poseer más, de hacer más, nuestro mundo interior se va empequeñeciendo y debilitando. Nuestra mirada es como la del hombre del naipe, capaz sólo de ver el pequeño espacio de terreno en el que vamos a dar el próximo paso, pero sin poder mirar más allá.

En una lectura, el Diez de Bastos habla de luchas, de limitaciones que nos imponemos a nosotros mismos. Indica trabajo excesivo y responsabilidades. Este arcano te pide que reconsideres tu forma de vida, que vigiles tu salud y que aprendas a cortar los lazos que te oprimen. En definitiva, te pide equilibrio.

Sota de Bastos

Valentía • Creatividad • Entusiasmo • Confianza

Descripción

Los Pajes del tarot son mensajeros, personajes juveniles y veloces que nos invitan a reflexionar y a actuar de acuerdo a las energías que representan.

La Sota de Bastos representa una actitud de pasión y entusiasmo ante la vida. En algunos momentos esta energía puede ser algo alocada o excesiva, es casi como el impulso de un niño. Pero ¿acaso tienes miedo de esa energía infantil? Esta Sota, que sostiene su basto florido y mira al cielo te está diciendo que no hay tanto que temer. Si has perdido algo de esa confianza inagotable de los niños, es quizás un buen momento para recuperarla.

En una lectura, la Sota de Bastos te pide que aceptes las maravillas del fuego y de la pasión, que aprendas a desarrollar la creatividad y a tener confianza. Te invita a expresarte de forma individual, a ser desprendido y a no buscar ataduras ni tolerarlas.

Caballero de Bastos

Encantador • Aventurero • Temperamento • Superficialidad

Descripción

El Caballero de Bastos refleja con toda claridad las dualidades del fuego. Montado a caballo y ataviado con armadura, lleva un palo corto en su mano derecha. Puede estar dispuesto al ataque, pero también puede hallarse en medio de un viaje precipitado.

La energía y la vitalidad alcanzan su grado más alto en este naipe. El Caballero nunca tiene miedo de avanzar, de transitar nuevos caminos. Tiene plena confianza en sí mismo y le sobra valor y entereza. Se sabe irresistible en todos los aspectos y puede ser dominador y agresivo en extremo. Pero tanta confianza y empuje pueden tener un lado muy negativo. En muchas ocasiones, este Caballero actúa de forma precipitada, sin reflexionar previamente sus movimientos. Puede ser un gran guerrero, pero en muchas ocasiones no basta con la fuerza si uno se enfrenta a un adversario más inteligente.

En una lectura, el Caballero de Bastos, nos enseña que hay que aprender a tener confianza en uno mismo, ser decididos y activos. Pero también, al mismo tiempo, hay que saber usar la cabeza y no fiarlo todo al corazón. La fe puede ser a veces peligrosa, y la impaciencia, una mala consejera. En ocasiones, esta carta puede referirse a otra persona y a la influencia que ejerce en nosotros. Quizás nos están empujando a acciones arriesgadas para las que no nos sentimos preparados. O quizás somos nosotros mismos los que nos estamos dejando empujar. En estos casos, la reflexión se impone.

Reina de Bastos

Atractivo • Energía • Autoconfianza • Alegría

Descripción

La Reina de Bastos es una de las cartas más populares del arcano menor. El naipe nos muestra a una mujer morena, sentada frente a nosotros, siendo la única Reina que se nos muestra frontalmente, en una postura que denota comodidad y confianza. En su mano derecha lleva el palo florecido que es símbolo de esta serie. En la izquierda porta otro símbolo solar más delicado, el girasol. Su trono se asienta sobre leones y a su espalda, leones y girasoles indican claramente su carácter ígneo. A sus pies hay un gato negro.

Esta carta nos habla de belleza y atractivo, pero no de la belleza que se observa en una cara agraciada o un cuerpo juvenil, sino de la belleza interna que se transmite al exterior. La Reina de Bastos nos invita a tener confianza en nuestro interior y a reflejar esa confianza por medio de la sonrisa o la sana alegría. La calidez, la amabilidad y los buenos sentimientos hacen más hermosa a la persona

La Reina de Bastos es entusiasta y goza de una energía contagiosa. Su dedicación es siempre absoluta y parece que nunca se viene abajo por muy difíciles que sean los problemas. En realidad, más que una persona activa, o una líder natural, esta Reina es lo que podríamos denominar el alma o el corazón de cualquier situación o de cualquier grupo humano. Es la persona que nunca destacará, pero sin cuya presencia nada es posible. Generalmente se trata de una persona cuya vida está llena de actividades y que, a diferencia de otros, gana energía y salud cuanto más activa es.

En una lectura, la Reina de Bastos nos formula preguntas como las siguientes: ¿crees en ti mismo? ¿Estás lleno de energía? ¿Qué te hace ilusión? Su consejo es "ten confianza y llénate de entusiasmo, la vida es un regalo que debes aprovechar".

Rey de Bastos

Carisma • Creatividad • Inspiración • Fuerza

Descripción

El Rey de Bastos es una combinación de la energía del Fuego y de la personalidad activa y poderosa de todo Rey. Si observamos la figura del naipe, vemos a un hombre de aspecto decidido, adornado con una corona ígnea, que sostiene un basto florecido con su mano derecha y tiene la izquierda cerrada en un puño. En su trono hay grabadas siluetas de animales de fuego: leones y salamandras, las mismas que figuran en su manto. A sus pies, un lagarto nos recuerda otra vez la imagen de la salamandra, símbolo alquímico del fuego.

Este rey representa una visión creativa y renovadora del mundo. No es persona dada a seguir los antiguos métodos, ni parece capaz de conformarse con ideas caducas o modelos desfasados. El Rey de Bastos exige nuevos caminos y soluciones creativas e imaginativas.

No es en absoluto un ser pasivo, sino que se esfuerza activamente en alcanzar las metas que se ha propuesto. El Rey de Bastos nos está exigiendo que seamos decididos y resueltos, que no demos pasos atrás por muy difíciles que sean las circunstancias que nos rodean.

Hemos de ser entusiastas como lo es este rey y dejarnos guiar por su naturaleza ardiente. Ante nuestras dudas y vacilaciones él nos dice: "adelante, la victoria es para los atrevidos". Si somos capaces de abrir camino, de ser audaces, seremos recompensados.

En una lectura, el Rey de Bastos nos pide que nos comportemos como líderes naturales. Con el Rey de Bastos la palabra clave es carisma. La capacidad de agrupar en torno nuestro a los demás puede no ser una de nuestras cualidades innatas, pero podemos aprender a desarrollarla. El mensaje de esta carta es creer en nosotros mismos para así poder transmitir esa fe a los demás. Cuando se refiere a otra persona, probablemente está señalando a un hombre honesto y amistoso, quizá de campo, de firmes convicciones.

¿Te gustaría soñar que estás dentro de tu carta favorita? El Ejercicio práctico número 5, que encontrarás en la página 191: "Cartas para soñar" te enseñará a introducir las cartas en tus ensoñaciones nocturnas. Es una experiencia fascinante.

6. Copas —Cups—

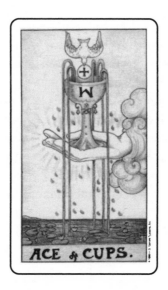

As de Copas

Amor • Emociones • Intuición • Intimidad

Descripción

Los ases del tarot son la semilla de un nuevo comienzo. El As de Copas es un símbolo de nuevas posibilidades, de comienzos en el terreno de los sentimientos, el amor, la intimidad y la compasión. El as representa la energía pura de su palo y, de este modo, el As de Copas indica que la conciencia emocional ha entrado en tu vida aunque aún no te hayas dado cuenta. Si eres capaz de aceptar el regalo de este As, estarás abriendo nuevas puertas para ti.

Cuando este as surge, deberías examinar cómo estás empleando tu energía emocional. Ten en cuenta que el amor es ahora la clave de la situación. Por eso es preciso que te formules preguntas acerca de tus sentimientos, deseos y esperanzas en este terreno. También deberías cuestionarte qué entiendes por amor y cuál es el tono de tus relaciones con los demás.

No siempre el amor es un sentimiento romántico entre dos personas. La pura energía emocional de este as nos demuestra que el amor es una fuerza que nos impulsa a unir y a crear. El amor es la base de la unión de una familia o de la cooperación entre dos amigos. El amor ayuda a perdonar y a construir. Es una energía que nos conecta con los demás de muchas formas. Abrir nuestros sentimientos y mostrarlos es una forma de ser más fuertes y más nobles.

En una lectura, el As de Copas te invita a explorar tu interior. Esta carta tiene una vertiente más espiritual y es la necesidad de conectar con nuestro mundo interior. Si aprendes a escuchar la voz de tu corazón, comenzarás a comprender el verdadero significado del amor. Confía en lo que te dicen tus sentimientos y reconoce que tu mundo interior tiene algo importante que decirte. Aceptando la energía de este As puedes alcanzar grandes metas tanto internas como de cara al mundo exterior.

Dos de Copas

Atracción • Unión • Encuentro

Descripción

El Dos de Copas nos muestra una hermosa imagen. Dos jóvenes, hombre y mujer, se miran mutuamente. Al mismo tiempo, miran las copas que ambos portan en sus manos y parecen deseosos de compartirla. Los amantes están vestidos con lujo y llevan coronas de laurel, lo que sugiere una fiesta, o incluso una boda.

Este naipe es la viva imagen del amor, de la atracción romántica entre dos personas. Quienes comparten sus copas (emociones) crean un vínculo donde el poder se multiplica. Uno y uno no suman dos, sino mucho más que esa cifra. Evidentemente es la carta que simboliza el amor entre dos personas y tiene un valor equivalente al sexto arcano mayor, los Enamorados. Las uniones que se forman bajo este auspicio pueden ser muy sólidas. Tanto que hay que cuidar que no sean excluyentes.

En una lectura, el Dos de Copas marca la unión de dos entidades: personas, ideas, grupos, sociedades, etc. Este arcano nos invita a analizar las relaciones que mantenemos con los demás. Indica un momento propicio para buscar uniones o acuerdos con otras personas y, en caso de conflicto, aconseja el perdón y la reconciliación. También puede ser la señal de que estamos luchando entre dos opciones. Dentro de nosotros hay una naturaleza masculina y otra femenina que buscan equilibrarse. En este caso, lo mejor es buscar la forma de reconciliar todas las posibilidades.

Tres de Copas

Amistad • Comunidad • Festividad

Descripción

Este naipe nos muestra la celebración de una fiesta. Tres mujeres bailan, coronadas de flores y sosteniendo en sus manos tres copas. Apoyando sus manos las unas en las otras, refuerzan un vínculo emocional que ya está claramente reflejado en sus rostros amistosos. En torno a ellas, se despliegan los frutos de la tierra.

El Tres de Copas es uno de los tres arcanos que se relacionan con los grupos humanos. Si el Sumo Sacerdote nos habla del aprendizaje formal y el respeto por las normas y el Tres de Oros, del trabajo en equipo, el Tres de Copas habla de los sentimientos que se comparten entre varias personas. La comunidad o el grupo no es sólo un conjunto de intereses comunes, sino que es también la suma de unos sentimientos compartidos por todos.

En una lectura, el Tres de Copas nos habla de alegría, del espíritu exaltado de las fiestas. Es una invitación a la celebración, a sentirnos amados y seguros en el entorno en el que vivimos. Este arcano nos pide que honremos la amistad y los valores que se asocian con ella:

confianza, camaradería, desprendimiento. Ante ella debemos reflexionar sobre nuestras relaciones con los grupos de amigos. ¿Debemos ayudar o solicitar apoyo? ¿Debemos ser generosos o abrirnos a la generosidad de otros? La amistad, sea entre dos personas, o entre un grupo es uno de los más bellos sentimientos humanos y este naipe se encarga de recordarlo.

Cuatro de Copas

Apatía • Introspección • Timidez

Descripción

En muchas ocasiones, la vida nos ofrece regalos que no aceptamos simplemente porque no somos capaces de verlos. Esto le ocurre al personaje de este arcano. Mientras está absorto en su meditación, contemplando las tres copas frente a él, es incapaz de ver la copa que el Cielo le ofrece. ¿Está la solución a sus preguntas en esa copa? Posiblemente, pero como no la recoge, nunca lo sabrá. En algunas ocasiones, esta carta puede tener un significado muy positivo. El Cuatro de Copas nos indica un período de renovación y reflexión que es preciso antes de emprender cualquier tarea. Si somos capaces de tomarnos un tiempo para soñar y meditar, podemos recuperarnos emocional y mentalmente antes de enfrentar cualquier reto. Pero en ningún caso debemos olvidar el mensaje de esta carta que es el siguiente: "no dejes que la introspección te impida ver el mundo que te rodea".

En una lectura, el Cuatro de Copas nos pide dedicar un tiempo a nosotros mismos, pero sin dejar a un lado el mundo exterior. Este arcano puede ser, si no tenemos cuidado, un signo de apatía o de timidez. Si no somos capaces de abrirnos a los demás, y a sus regalos emocionales, estaremos perdiendo un gran tesoro.

Cinco de Copas

Pérdidas • Rupturas • Remordimientos

Descripción

El Cinco de Copas es una carta aparentemente triste. Nos muestra a un personaje vestido de negro, con aspecto abatido, que mira de soslayo las tres copas derramadas ante él. Este arcano representa el momento en que la pérdida es más aguda. En ocasiones tenemos que enfrentarnos a estos sentimientos de pérdida tanto en nuestras vidas, como en las relaciones o en nuestros proyectos, y esta carta muestra esas pérdidas.

Esta carta señala la posibilidad de una pérdida y todas las emociones que se asocian a un hecho así: el dolor, la negación, los remordimientos. La pérdida puede ser pequeña o grande, física o emocional, pero está ahí y es dolorosa. Si aún no se ha producido, la carta es un aviso para que actúes a tiempo y prevengas el mal o al menos, para que reduzcas sus consecuencias. Si el conflicto ya se ha materializado, este naipe certifica tu momento actual de dolor.

En una lectura, el Cinco de Copas puede desanimarte un poco, pero recuerda que todo tiene también su lado positivo. Cada pérdida abre nuevas posibilidades. Si miras el dibujo del arcano, el hombre ha perdido tres copas, pero aún tiene dos a sus espaldas.

Mientras se lamente y no se dé la vuelta, no será capaz de verlas. En nuestra vida sufriremos pérdidas. Pero una vez haya pasado el dolor más agudo, no debemos olvidar que tenemos recursos ocultos que debemos aprovechar para seguir viviendo. Ten en cuenta que al fondo del naipe hay un puente que cruza el río y más allá una casa. La vida sigue y nuestro camino no termina al sufrir una decepción.

Seis de Copas

Inocencia • Buenos sentimientos • Juego

Descripción

El Seis de Copas es el arcano de la inocencia. En él vemos a dos niños que juegan. Él le entrega a ella una copa adornada con una bella flor y la niña la recibe con una sonrisa. La generosidad puede ser algo inocente a veces, pues no siempre damos a quien verdaderamente lo merece. Pero en cualquier caso, la generosidad nos hace más grandes y mejores. Este naipe nos anima a ser generosos, a dar.

"Inocencia" es una palabra desprestigiada en nuestros días. Decir a alguien "inocente" es casi una forma de insulto cuando debería ser todo lo contrario. La inocencia puede ser un modo de evitar la corrupción o la hipocresía, una forma de pureza interior. En este sentido, es positivo conservar una cierta dosis de inocencia. Aunque también este término puede tener su connotación negativa. Si somos demasiado inocentes, podemos vivir sin conocer algunos secretos importantes de la vida. La maduración es en gran medida, la pérdida de la inocencia.

En una lectura, el Seis de Copas puede tener varios significados dependiendo del contexto. Puede ser una invitación a ser un poco como niños, a disfrutar del lado lúdico de la vida y a no preocuparnos en exceso del futuro. Puede indicar a una persona inocente, cuya candidez puede ser positiva o no, dependiendo de las circunstancias. También puede ser una invitación a la auténtica generosidad, a dar sin esperar nada a cambio.

Siete de Copas

Pereza • Fantasías • Libertad de elección

Descripción

Cuando este arcano aparece es importante analizar la situación actual y hacerse preguntas como: ¿vivo de forma desordenada? ¿Estoy intentando controlar todo en exceso? ¿Uso demasiado la imaginación o muy poco? En una situación caótica, es preciso alcanzar cierto orden. Pero el exceso de orden puede ser negativo ya que limita nuestra capacidad de improvisar, de ser creativos y dinámicos. En el naipe vemos a un hombre que observa una serie de visiones en una nube. Ante él se despliegan sus deseos y sus temores y cada una de las copas es una opción. Muchas veces podemos encontrarnos en una situación similar y demasiadas opciones nos pueden llevar a la indecisión y la apatía. El desorden puede ser creativo, pero también frustrante. Si nos decidimos por una opción ¿estaremos haciendo lo correcto? Y si no hacemos nada ¿estamos perdiendo algo?

En una lectura, el Siete de Copas es un arcano difícil que sólo se puede interpretar correctamente en función del contexto actual. Muestra muchos caminos posibles y una gran confusión. La reflexión es más necesaria ahora que nunca. Poniendo orden y limpiando nuestro interior, podremos encontrar nuestro camino.

Ocho de Copas

Aburrimiento • Viaje • Introspección

Descripción

Un hombre se aleja de las copas de la felicidad. ¿Lo hace porque está saciado? ¿O quizás no le interesan? El Ocho de Copas es un naipe de finales, o mejor dicho, de anuncio de finales. En muchas ocasiones, sabemos interiormente que algo se acaba (una relación o un proyecto) pero de manera consciente nos aferramos a la creencia de que todo sigue adelante. A nuestro alrededor hay muchos mensajes que nos indican ese final: el aburrimiento, la falta de interés, el cansancio, la falta de diálogo, pero no queremos verlo y nos aferramos inútilmente a una ilusión.

Este arcano nos indica claramente que el pasado es algo que debemos dejar atrás para enfrentarnos a nuevos retos. Hay momentos en la vida en que descubrimos que lo que era verdad ha dejado de serlo, que los sentimientos han cambiado. Mientras nos aferramos a las ruinas de algo que ya no existe, estamos posponiendo la felicidad que, seguramente, nos espera ya en otro lugar. El viaje que emprende el personaje del naipe puede ser un desplazamiento físico, cambiar de ciudad o de país. Puede quizá ser un cambio de trabajo u ocupación. Pero puede ser también un viaje interior.

En una lectura, el Ocho de Copas, nos invita a reconocer los cambios y valorarlos, desprenderse de lo antiguo y aceptar lo nuevo, son procesos que requieren tiempo y trabajo interno. Es difícil abandonar aquello que nos hacía sentir cómodos. Pero muchas veces, la comodidad es sólo un sinónimo de conformismo. Este naipe nos invita a movernos. El camino será difícil, pero provechoso.

Nueve de Copas

Placeres • Satisfacción • Deseos cumplidos

Descripción

El hombre que nos muestra este arcano parece muy satisfecho de sí mismo. En el plano físico, esta carta nos indica el deleite de todos los sentidos y es una invitación a satisfacer todos nuestros deseos. Esta satisfacción se puede alcanzar a través de las relaciones personales o quizá en el acercamiento a la naturaleza.

Del mismo modo que el personaje de este naipe está sentado frente a nosotros, sonriendo, nosotros podemos sentirnos satisfechos de todo aquello que hemos logrado en nuestra vida. El Nueve de Copas es también una invitación a reflexionar y a valorar todo lo que hemos conseguido y almacenado gracias a nuestro esfuerzo. Si nuestras relaciones funcionan bien, debemos apreciarlas. Si nuestra vida material es cómoda, seguramente ha sido gracias a nuestro esfuerzo.

En una lectura, el Nueve de Copas nos habla de los deseos. Si tienes un deseo, su mensaje es: "puedes lograrlo". Otra cuestión es si ese deseo es sano o positivo, ya que no siempre lo que deseamos es lo mejor para nosotros. En todo caso, este arcano te indica la posibilidad de lograr el éxito.

Diez de Copas

Alegría • Familia • Paz

Descripción

La imagen que muestra este arcano es realmente hermosa. Una pareja unida se deleita ante el arco iris. Junto a ellos, los niños juegan felices y ante sí, observamos los campos, el río y el hogar. La alegría que destila este naipe es una manifestación de lo que nuestra vida emocional puede llegar a ser cuando alcanza su punto máximo. La felicidad es algo que va más allá del puro contento, es un estado interior en el que nos sentimos plenos, completos. No es algo que proviene de fuera, sino que nace de nuestra propia actitud vital.

El naipe nos muestra a la familia unida y este puede ser uno de sus significados más evidentes. Pero también podemos entender que esta familia es nuestro interior. ¿Estamos en paz con nosotros mismos? En nosotros hay un hombre y una mujer, hay también una parte infantil y un hogar. Si piensas que lo externo es un reflejo de lo interno, estás en el camino correcto para entender el significado profundo de esta carta: "busca la paz en tu interior y hallarás la felicidad".

En una lectura, el Diez de Copas habla de paz interior. La paz interior debe reflejarse en nuestras relaciones. La serenidad proviene de la armonía, de la finalización de las batallas. Una buena forma de alcanzar la paz es a través del perdón y un buen lugar en donde aplicar este perdón es en nuestra propia familia. El Diez de Copas es un anuncio del futuro posible, pero también es un consejo sobre cómo actuar. Busca la paz dentro y fuera de ti.

Sota de Copas

Amor • Intimidad • Intuición • Emotividad

Descripción

La Sota de Copas es una representación de Cupido. Aquí se muestra sin sus flechas características, pero es sin duda el mismo personaje que nace del amor y se sustenta de él. Es alguien que ama el juego, la parte lúdica de la existencia, que te invita a disfrutar las maravillas del mundo emocional, del amor y del romance. En cierto modo es como si, guiñándonos un ojo, nos dijera: "diviértete conmigo y te enseñaré a ser feliz".

La Sota puede representar a una persona joven o a alguien de espíritu juvenil. Es alguien que ama con la inocencia y con el fuego de los que aman por primera vez. No importa que se trate de una persona adulta, pues hay quien se comporta siempre como un niño, y quien no conoce el amor hasta una edad madura. Esta Sota juega con las necesidades emocionales, las expresiones del amor y la intimidad, pero lo hace sin mala intención.

En una lectura, la Sota de Copas puede indicar una cierta forma de entender el amor y las relaciones que son frescas, dinámicas y juveniles. Señala alegría de vivir y emociones positivas. Quizás sus energías son demasiado impulsivas e inocentes y pueden encontrarse más adelante con una decepción, pero de momento todo está dominado por la alegría y la confianza. La Sota de Copas es una invitación a descubrir el amor de una forma fresca y dinámica. Siéntete libre de expresar tus sentimientos y abandónate a los sentimientos del corazón.

Caballero de Copas

Imaginación • Romanticismo • Sensibilidad • Introversión

Descripción

Los Caballeros del tarot representan figuras dadas a los extremos. El Caballero de Copas es un alma sensible. Puede ser un poeta, un romántico o un eterno enamorado. Cabalga al paso portando una copa y tiene un aspecto noble y tranquilo. Su yelmo y sus botas aladas aluden a los vuelos de la imaginación. Sobre la armadura lleva un manto adornado con peces que nos recuerda su naturaleza acuática.

El Caballero de Copas sabe crear belleza y es dado a las emociones intensas. Es poético y sabe ser encantador. En el plano negativo, su exceso de imaginación le lleva a estar demasiado lejos del mundo real. Su estilo es algo melodramático, lo que puede no ser bien visto por muchas personas. Es temperamental y se siente ofendido con facilidad, por lo que es difícil mantener una relación fluida con él.

En una lectura, el Caballero de Copas puede señalar la necesidad de ser más sensibles o considerados, pero, según los casos puede estar señalando un exceso en estas energías.

Como todas las Cartas Cortesanas, este Caballero puede indicar a alguno de nuestro entorno o a nosotros mismos. Si es otra persona diferente a ti es, sin duda, alguien romántico o imaginativo, dado a ciertos extremos. Su energía nos impulsa a ser más poéticos y sensibles. La expresión de los sentimientos, apreciar el poder de la imaginación, mirar al interior y valorar la belleza son algunos de los consejos de este naipe.

Reina de Copas

Amor • Ternura • Intuición • Espiritualidad

Descripción

La carta de la Reina de Copas nos presenta a una hermosa mujer de rubios cabellos que observa fijamente una copa muy adornada. Su capa celeste imita a las olas del mar y está sujeta por una cocha. A sus pies se extienden los guijarros de una playa, y el mar.

La Reina de Copas representa la conexión entre el mar, el mundo emocional, la tierra y el mundo material. Es la señora de la dulzura, el amor y la sensibilidad. Cuando esta carta señala a una persona, se trata de alguien amable, cariñoso y paciente, que nunca tiene un mal gesto y que es afectuoso y compasivo. Una persona así se guía por su corazón, pero debe vigilar que el desarrollo emocional no encubra un déficit intelectual.

Esta carta habla de la intuición, del conocimiento que no llega por la vía mental o deductiva, sino que surge algún rincón misterioso de nuestra alma. Trata de la percepción de los mundos invisibles o de los sentimientos ocultos. Los sueños, las premoniciones, tienen un significado que debe ser estudiado y comprendido.

En una lectura, la Reina de Copas nos pide ser conscientes del clima emocional que estamos viviendo, nos sugiere revisar nuestros sentimientos, confiar en el corazón y apreciar los dones de la intuición y el mundo psíquico. Esta carta nos invita a reconsiderar nuestra relación con los demás, a ser más tolerantes y amorosos, a desarrollar relaciones más cálidas y humanas.

Rey de Copas

Sabiduría • Diplomacia • Tolerancia • Calma

Descripción

El arcano del Rey de Copas nos presenta a un personaje serio de mediana edad. Porta en su mano derecha el emblema de este palo y en la izquierda el cetro del poder, que recuerda también a una copa. Su trono no está firmemente apoyado en la tierra, sino que flota como un barco en el mar de las emociones: móvil pero estable. De su collar cuelga un pez, para dar así mayor realce a su vinculación con el elemento agua.

El Rey de Copas es un personaje sabio, pero cuyo conocimiento no proviene de la especulación mental, sino de una profunda comprensión emocional. Es un maestro amoroso que guía a los demás gracias a sus nobles sentimientos. Esta carta indica a una persona que cumple estos requisitos, que es tranquilo y tolerante, protector y pacífico. Su paz y sabiduría atraen a aquellos que están a su alrededor, que se vuelven hacia él en busca de consejo y ayuda.

En una lectura, el Rey de Copas nos pide que seamos tolerantes, que sepamos alcanzar la calma y la compasión necesarias para comprender los problemas y encontrar soluciones sensibles y humanas.

Aprender a dar libertad a los demás es un camino seguro para ayudarles en su crecimiento personal y el Rey de Copas nos está indicando este camino. En momentos de crisis, debemos actuar con serenidad. Cuando alguien nos pide ayuda, debemos concederla con desprendimiento. Debemos dejarnos inspirar por esta carta o buscar en nuestro entorno a personas o actitudes que encarnen la energía de este Rey.

Qué difícil es tomar decisiones, y sin embargo, toda nuestra vida está llena de encrucijadas. El tarot te puede ayudar en los momentos de duda, aconsejándote, aclarando tus ideas. ¿Quieres saber cómo? Realizando el Ejercicio práctico número 6 que encontrarás en la página 193: "Tomar decisiones con el tarot".

7. Espadas —Swords—

As de Espadas

Verdad • Justicia • Fuerza mental • Valor

Descripción

Los ases del tarot representan semillas, símbolos de posibilidades futuras que quizás no hemos sido capaces de reconocer aún, pero que están esperando su momento para germinar y crecer. El As de Espadas es una semilla que puede brotar proporcionando inteligencia, razón, justicia, claridad, verdad o fuerza interior. La manifestación del As de Espadas depende de nuestros intereses y deseos de obtener un resultado. Si estamos afrontando una época en que se requiere un esfuerzo mental, bien sea por estudios y exámenes o por exigencias profesionales, este As nos desafía a seguir trabajando, a profundizar en nuestro trabajo intelectual, pues este es un momento en que un esfuerzo tal tendrá éxito.

Si lo que pedimos es justicia o claridad, si nos sentimos perseguidos o acosados, el As de Espadas nos dice que podemos tener la completa seguridad de que la verdad resplandecerá al fin. Si hemos sido honestos en el pasado, esa honestidad nos será reconocida, si hemos dado, nuestra generosidad recibirá su premio.

Una palabra que puede definir bien a este As es "desafío". Los duelos y desafíos se hacían antiguamente a espada y en ellos no sólo se demostraba la habilidad guerrera de un caballero, sino sobre todo, su honorabilidad. Rechazar el duelo era sinónimo de cobardía. Aceptarlo, aunque se fracasara, era un acto de dignidad.

En una lectura, el As de Espadas trae el mensaje de que muchas veces tenemos que afrontar situaciones complicadas, auténticos duelos, en los que no podemos dar un paso atrás, sino que debemos avanzar con valor y firmeza. Si somos veraces, justos y valientes, la vida nos recompensará ampliamente.

Dos de Espadas

Emociones bloqueadas • Paralización • Ceguera

Descripción

En la carta del Dos de Espadas vemos a una mujer joven que mantiene una barrera de espadas. Su postura rígida, sus brazos cruzados sobre el pecho, nos hablan de cerrazón. Sus ojos vendados, de ceguera. Tras ella se extiende el mar, símbolo de las emociones a las que ella no nos permite acercarnos. Es como si nos dijera: "nada puede entrar y nada puede salir".

Al leer esta carta, debemos plantearnos qué zonas de nuestra vida estamos bloqueando, qué emociones o sentimientos están siendo frenados. La joven del naipe nos muestra nuestro propio corazón cerrado o nuestra difícil relación con los demás. Si nuestras ideas y sentimientos van por vías divergentes, si nuestro interior está dividido en partes que no se reconcilian, esa ruptura puede tener graves consecuencias en nuestra vida. Cada vez que cerramos nuestro corazón, nos resulta más difícil volverlo a abrir.

En una lectura, el Dos de Espadas nos obliga a fijarnos en el hecho de que la mujer del naipe lleva una venda en los ojos, así que piensa

¿qué es lo que no quiero mirar? ¿Qué secreto me estoy ocultando a
mí mismo? ¿Qué actitudes, propias o ajenas, estoy evitando? ¿Acaso
la carta no puede estar sugiriendo un duelo, una mujer que presenta
las espadas para dos contendientes? ¿Con quién queremos luchar?
¿Contra alguien externo o contra algo interior?

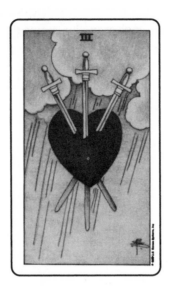

Tres de Espadas

Traición • Soledad • Corazón Roto

Descripción

La imagen de este arcano es bastante clara. Un corazón aparece atravesado por tres espadas. Tras él, las nubes derraman gotas de lluvia que nos recuerdan a las lágrimas derramadas en los instantes de dolor. Algunas veces, la vida nos procura un dolor como éste, ante la infidelidad de la persona que amamos, o ante el abandono y la pérdida, en la traición o en la innecesaria crueldad de la que podemos ser víctimas.

El dolor emocional se suele transformar en un dolor físico, por lo que esta carta puede estar señalando un sentimiento pavorosamente real y certero: la sensación de un corazón roto. En estas circunstancias, sentimos que el mundo se ha vuelto al revés, vemos en todas partes un reflejo doloroso de la injusticia que padecemos y llegamos a creer que la vida misma carece de sentido.

En una lectura, el Tres de Espadas nos está pidiendo que reflexionemos ante el tipo de vida que llevamos. Puede que sea un aviso para que no sigamos por un determinado camino, pero puede ser también un reflejo de nuestra situación actual. Si este es el caso, busquemos la paz y el sosiego y esperemos a que los malos tiempos pasen, porque sin duda pasarán. Por último, es posible que estemos pensando en herir a alguien y que esta carta simbolice nuestro deseo. Si es así, debemos recordar la antigua ley de que "todo lo que hacemos nos es devuelto con creces". En este caso, el Tres de Espadas puede estar indicándonos con claridad que el resultado de nuestras intrigas será nefasto para nosotros mismos.

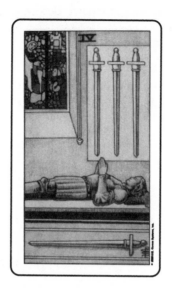

Cuatro de Espadas

Descanso • Meditación • Recuperación

Descripción

Tendido sobre un lecho rígido encontramos al personaje de este naipe. Sobre él hay tres espadas y una hermosa vidriera. Bajo su lecho, una cuarta espada. En su posición relajada, con las manos sobre el pecho, el caballero puede estar rezando o meditando.

El Cuatro de Espadas es una carta que inspira paz y tranquilidad. Representa los momentos de reposo y de calmada meditación que pueden preceder a la acción. Representa el desafío de estar quieto, de parar el febril ritmo de actividad al que generalmente estamos expuestos. Saber el tiempo adecuado para la lucha y el tiempo favorable para el descanso son cualidades que debemos desarrollar y que este naipe nos sugiere.

En una lectura, el Cuatro de Espadas puede indicar una época de enfermedad, de energías gastadas, en la que necesitamos parar y descansar. Antes de emprender cualquier actividad, de afrontar cualquier reto, debemos tomar un tiempo de preparación y reflexión, de relajación previa.

La pregunta que nos hace el Cuatro de Espadas es si no estaremos gastando demasiadas energías en lo externo a costa de nuestro mundo interior. Por último hay que señalar un significado adicional, el hombre de la carta ¡puede estar muerto! En este caso hay que entender la muerte como un cambio en nuestra forma de vida. Es decir, no como un final, sino como el comienzo de un nuevo ciclo.

Cinco de Espadas

Discordia • Deshonor • Egocentrismo

Descripción

Bajo un cielo de nubes desgarradas encontramos a tres hombres en distintas posiciones. El que se presenta en primer término tiene una actitud sonriente y maliciosa. Está recogiendo las espadas que otros han dejado tiradas en el suelo. Los otros dos protagonistas se alejan entre lamentos, renunciando a la lucha.

El Cinco de Espadas es una carta de significados complejos. Los hombres que se alejan ¿han renunciado por voluntad propia o han sido derrotados? En cualquier caso, su acción puede interpretarse como un gesto deshonroso en los antiguos códigos de la guerra. Tirar la espada y abandonar el campo de batalla era interpretado como una señal de cobardía. Pero también podemos pensar que estos dos hombres se han batido en duelo y han renunciado a la violencia por encontrarla inútil. ¿Cuál es la solución? Como sucede con todas las interpretaciones del tarot, no hay una única respuesta ni un único significado. Cada cual buscará el que más se ajuste a su situación presente.

En cualquier caso, hay algunas consideraciones que hacer a esta carta. Hay momentos en la vida en que debemos aprender la dura lección del sacrificio, pero no siempre estamos dispuestos a ser tan humildes como para cumplir nuestro deber. Como el hombre que recoge las espadas, nos preocupamos por nosotros mismos, por recoger lo que otros abandonan, pero sin ser capaces de buscar consuelo para ellos.

Quizá estamos viendo la vida desde una óptica muy estrecha, preocupándonos sólo por las pequeñas victorias cotidianas sin ser capaces de ver más a largo plazo, con más desinterés y amor. El deshonor no se produce por la desobediencia de un código marcial obsoleto, sino por nuestra falta de compasión y generosidad.

En una lectura, el Cinco de Espadas representa que la hostilidad y la discordia están aseguradas. Las batallas están perdidas de antemano, quizá porque no se han preparado a conciencia. Los rumores, chismes y habladurías se ceban en nosotros, por lo que debemos estar alerta. En todo caso lo que debemos preguntarnos es ¿a cuál de estos personajes me parezco con mi actitud actual? Y también ¿qué puedo hacer para mejorar?

Seis de Espadas

Exilio • Viaje • Recuperación

Descripción

En primer plano, una barca avanza sobre el mar dirigiéndose hacia una costa cercana. En ella hay seis espadas clavadas y tres personajes que parecen formar una familia. Nos dan la espalda y dan la impresión de ser viajeros tristes, quizás exiliados o emigrantes en busca de un futuro mejor.

El Seis de Espadas transmite una cierta sensación de tristeza. A veces es necesario abandonar nuestro lugar para buscar otros horizontes, pero no es lo mismo viajar por placer que hacerlo por necesidad o con dolor en nuestro corazón. Quizá la situación no sea tan grave, pero tampoco es buena. Podría hablarse de un sentimiento de leve depresión.

Las cosas pueden mejorar cuando se alcance la otra orilla, pero de momento, la tristeza y la melancolía nos invaden. Las espadas que están sobre el bote pueden estar clavadas en él, del mismo modo que a veces el dolor se clava profundamente en nuestro corazón. Del mismo modo, el esfuerzo del hombre empujando la pértiga es notable, pero todo puede encontrar solución.

En una lectura, el Seis de Espadas es un arcano que señala viajes, a veces físicos y otras veces, interiores. La propia melancolía es un viaje a través de nuestros sentimientos (el mar que vemos en la carta) hacia una nueva tierra, una nueva realidad. Esta carta nos pide reposo y nos augura recuperación. La situación actual no es la mejor posible, pero podemos tener la tranquilidad de que se está moviendo en una nueva dirección.

Siete de Espadas

Soledad • Deshonor oculto • Huida

Descripción

El Siete de Espadas nos muestra a un hombre que escapa de puntillas de un campamento. En sus manos lleva cinco espadas, mientras que otras dos están clavadas en el suelo tras él. Su forma de caminar y el gesto desdeñoso de su rostro nos indica claramente que se trata de un robo.

Esta carta suele representar soledad, el hombre que se aleja está, al fin y al cabo, huyendo de la sociedad (las tiendas de campaña), y realiza una acción que le haría muy difícil retornar a ella con dignidad. El ladrón está al margen del grupo humano que le rodea, y deberá vivir una vida de constante preocupación ante el temor de ser apresado.

En una lectura, el Siete de Espadas indica que tenemos planes secretos que deben ser cumplidos en solitario. Estos planes pueden que no sean muy honestos, por lo que deberíamos estar preparados para sufrir las consecuencias. También puede indicar el deseo o la necesidad de huir de alguna situación que resulta especialmente dolorosa o conflictiva. En estos casos debemos valorar si las circunstancias son verdaderamente tan difíciles que impidan por completo afrontar los problemas y resolverlos. Siempre es mejor dar la cara y buscar una solución, ya que los problemas que dejamos atrás sin resolver, antes o después volverán a aparecer en nuestra vida. Desde un punto de vista más positivo, esta carta puede también representar la necesidad de apartarse del grupo e iniciar una andadura en solitario. Aprender a confiar en las propias capacidades, desarrollar un sentimiento de orgullosa autosuficiencia pueden ser actitudes muy positivas siempre que no se lleven al extremo. Huir de los demás o pretender vivir en completa autonomía no siempre es una buena elección. La soledad nos hace más fuertes, pero también más egoístas e insensibles.

Ocho de Espadas

Confusión • Prisión • Pérdida de energías

Descripción

En este naipe una mujer aparece en medio de un cerco de espadas clavadas en el suelo. Está atada con una cuerda que da varias vueltas en torno a su cuerpo y tiene los ojos vendados. Nos transmite una intensa sensación de desvalimiento y tristeza. Al fondo vemos un castillo lejano encaramado en las rocas.La imagen de esta carta se explica claramente por sí misma. La protagonista está sola y perdida. No puede ver porque tiene los ojos vendados. No puede moverse pues está firmemente atada. No puede escapar pues está prisionera. Está lejos del hogar seguro que se encuentra a sus espaldas.

En ciertas ocasiones nos sentimos plenamente identificados con ella. Sobre todo en los momentos en que nos sentimos perdidos, confusos y débiles. Quizás hay un lugar seguro, pero está lejos y no lo alcanzamos o no lo vemos. Los problemas pueden llegar a ser tan grandes que nos impiden ver el más débil rayo de esperanza. Un trabajo problemático, unas relaciones dolorosas, una enfermedad que no se supera, son motivos de infelicidad de nuestra vida. En esos momentos nos sentimos atrapados en la cárcel de nuestro dolor y no somos capaces de ver otra realidad que la que más nos duele en ese momento.

En una lectura, el Ocho de Espadas, nos dice que la lección más importante es la de reconocer el momento en el cual nos encontramos y recordar que tenemos poder y podemos, con paciencia y claridad mental, buscar un nuevo camino. La solución está en nosotros.

Nueve de Espadas

Preocupación • Culpa • Angustia

Descripción

Una joven despierta agitada en medio de la noche. Su cama, rica-
mente decorada, y sus mantas hermosas y limpias nos indican que
es alguien de posición acomodada. Pero ¿qué pesadillas la han
despertado? Al fondo de la escena nueve espadas indican un sueño
agitado, lleno de tristes premoniciones. El dolor que sufre esta
joven proviene de su interior. Lo que la tortura son aprensiones,
sueños o temores. Pero ¿son reales?

En muchas ocasiones nos preocupamos en exceso, intentamos
controlar todos los aspectos de nuestra vida y nos sentimos
inquietos si algo amenaza con no ajustarse a nuestros planes. La
tortura interior suele ser más dura que la exterior, ya que esta
última se genera en problemas externos y se disuelve tan pronto
como éstos se difuminan. Pero la tortura interna tiene su origen en
nuestra forma de ser, en nuestra personalidad y por eso se repro-
duce aunque nada externo nos inquiete.

En una lectura, el Nueve de Espadas indica el dolor interior que proviene de la preocupación, de la culpa o de la aprensión. No es una carta agradable, pero puede tomarse como un buen consejo. ¿Qué ganamos con preocuparnos? Hagamos nuestra tarea del mejor modo posible y tengamos fe en que, antes o después las cosas saldrán bien. ¿Y para qué sirve la culpa?

Vivamos el presente, dejando atrás el pasado, sin olvidar sus lecciones, pero sin obsesionarnos con lo sucedido. Una actitud positiva es la mejor forma de avanzar sin remordimientos ni aprensiones.

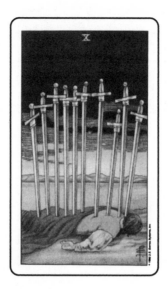

Diez de Espadas

Victimismo • Martirio • Desolación

Descripción

El Diez de Espadas muestra una imagen desoladora. Un hombre tendido en el suelo está atravesado por todas las espadas pertenecientes a esta carta. Bajo él hay un charco de sangre. El personaje de este naipe ha sido víctima de un cruel destino. Pero, más allá de lo aparente, esta carta encierra más significados. El hombre tiene diez espadas clavadas en la espalda, ¿acaso no es excesivo? ¿No es una suficiente? Quizás el mensaje profundo de esta carta reside en que los problemas, siendo reales, son exagerados.

En una lectura, el Diez de Espadas puede indicar una postura victimista ante la vida. Hay grandes dificultades, pero nos quejamos más de la cuenta, quizás en busca del consuelo o la ayuda de otros. Es difícil conocer hasta qué punto nuestro dolor es real y hasta qué punto nos presentamos como víctimas. La reflexión que propone esta carta va más allá del dolor e intenta conocer hasta qué punto nuestra aflicción es exagerada. Otra reflexión pertinente es acerca de nuestra capacidad para aceptar el dolor y el sacrificio que la vida nos impone. En ocasiones, a partir de una experiencia dolorosa podemos extraer una gran enseñanza que nos abra nuevos caminos.

Sota de Espadas

Justicia • Fortaleza • Acción • Veracidad

Descripción

La Sota de Espadas es un personaje que nos desafía. El naipe muestra a un joven alto y delgado que sostiene una espada y camina rapidamente sobre un terreno rugoso. Parece que espera a un enemigo que puede surgir a cualquier momento. Esta carta indica situaciones complicadas, en las que es necesario estar atento y vigilante. La dificultad puede surgir en cualquier momento y en cualquier lugar, pero no podrá derrotarnos si estamos alerta. En cierto modo, es como si la Sota de Espadas estuviera a punto de darnos un enigma que debemos resolver. Si somos capaces de afrontarlo y vencer, nos haremos más fuertes y resistentes. ¿Cuáles son nuestras herramientas para resolver el enigma? Honestidad, razonamiento, fortaleza e integridad, las características que definen a los arcanos menores de aire.

En una lectura, la Sota de Espadas puede referirse a una persona de nuestro entorno. Se trata de alguien con quien debemos mantener una relación basada en la sinceridad y el comportamiento ético.

Si hay dificultades, sólo podrán solucionarse con las herramientas antes mencionadas. La Sota de Espadas nos pide que juguemos y disfrutemos con las actividades mentales de todo tipo: aprender, investigar y explorar.

Caballero de Espadas

Lógico • Valiente • Autoritario • Crítico

Descripción

La figura del Caballero de Espadas es muy definida, representa al guerrero que lanza su caballo al galope al encuentro del enemigo. Si observamos atentamente el diseño del naipe, vemos que todo en él nos sugiere velocidad, fuerza, empuje y violencia. Las crines del cabello parecen llamas, las nubes son jirones y los árboles se inclinan como ante un fuerte viento. La misma expresión del guerrero es fiera e incisiva, no sólo por su gesto y su espada, sino por su armadura llena de elementos punzantes.

El Caballero de Espadas es un individuo que alcanza la maestría en el manejo de la lógica y la razón. Una de sus características es su capacidad de juzgar los acontecimientos y las ideas de una forma concisa, segura y libre de toda emotividad. Su mente es como un cuchillo afilado y certero, que separa los elementos y los analiza separadamente. Es una persona que habla claro, de forma directa y cargada de autoridad. Sus análisis son lúcidos y fiables.

Por supuesto, no se puede esperar que el Caballero de Espadas sea una persona diplomática o particularmente sensible. Para muchos esta carta es desagradable, ya que puede representar una personalidad intolerante y poco delicada. El sentimiento de superioridad, la escasa capacidad emocional, la fuerza con que se impone esta energía puede resultar algo desagradable y necesita ser compensada.

En una lectura, el Caballero de Espadas nos empuja a ser más lógicos, racionales, incisivos y valientes. Nos pregunta si estamos expresando nuestras ideas, si avanzamos o nos estancamos. Pero también nos avisa que no debemos abusar de estas energías y que debemos aprender a ser más tolerantes y afectivos. Como en todos los Caballeros del arcano Menor del tarot, su simbolismo es dual y extremista. Su interpretación dependerá de nuestra situación actual y de nuestros deseos o expectativas para el futuro.

Reina de Espadas

Honestidad • Ingenio • Experiencia • Franqueza

Descripción

Cuando miramos el naipe de la Reina de Espadas, recordamos inmediatamente el arcano mayor de la Justicia (número 11). En ambos casos se nos presenta a una mujer coronada, sentada en un trono y portando una espada vertical en la mano derecha. Pero hay también algunas diferencias que reafirman la distancia entre el arcano mayor y el menor. La Reina de Espadas no se presenta mirando directamente, ni sostiene la balanza, símbolo de la Justicia imparcial. Es un símbolo de honestidad y veracidad. Cuando representa a una persona, podemos estar seguros de que es alguien que no tolera los trucos, trampas o dobles palabras. Esta Reina es una persona sin dobleces, que habla a la cara y exige lo mismo de los demás. No se trata de una persona ingenua o falta de experiencia, antes al contrario, es alguien a quien no se puede mirar a los ojos a menos que uno sea sincero y bienintencionado.

Esta carta nos pide ser directos y claros. No se trata de una energía crítica, pero sí clarificadora. De todos los naipes del arcano Menor de Espadas, ésta es quizá la que mejor combina intelecto y compasión. Sus observaciones son sinceras, pero no hirientes. De hecho, esta carta puede muy bien asociarse con un sentido del humor inteligente y rápido.

En una lectura, la Reina de Espadas nos está preguntando si somos completamente honestos en nuestros deseos o pretensiones. Nos pide que abandonemos el autoengaño o las fantasías. Su énfasis es interno y mira directamente a nuestro corazón y nuestra alma. Si hay alguna oscuridad en nuestro interior, éste es el tiempo de admitirla, confrontarla y vencerla.

Rey de Espadas

Intelectual • Justo • Ético • Analítico

Descripción

Si la Reina de Espadas recuerda al arcano de la Justicia, las similitudes entre esta carta y el Rey de Espadas son aún más evidentes. Este Rey se nos presenta como una persona que ha superado la edad madura y se acerca a la ancianidad. Nos mira fijamente y blande en su mano derecha una espada que puede ser empleada en cualquier momento. Representa a la antigua concepción del Rey como supremo juez y ejecutor de las sentencias.

El Rey de Espadas representa el mundo intelectual llevado a su grado más elevado. La mente, la razón y la lógica llegan con él a una expresión superlativa, dándole la posibilidad de analizar y juzgar los problemas con facilidad. Cuando representa a una persona, este Rey es alguien justo y razonable, que no se deja engañar ni comprar. Cuando emite una sentencia, podemos estar seguros de que está inspirada en la ética y el análisis más rigurosos. Es la típica persona en quien podemos confiar en un momento de crisis.

En una lectura, el Rey de Espadas nos está pidiendo que seamos imparciales y justos, que usemos nuestra mente para resolver los problemas que puedan estarnos acuciando. La ética es la guía que nos puede llevar a soluciones, así como decir la verdad y ser honestos. La solución, en este caso particular, no es emocional ni intuitiva, sino lógica. La energía de los Reyes es activa y se expresa en el mundo exterior más que en lo interno.

"Aclarando tus objetivos" es un sencillo Ejercicio práctico que encontrarás en la página 195. Con él comenzarás a leer los arcanos mayores y menores a profundidad y, lo que es más importante, aprenderás a interpretar las cartas en función del lugar que ocupan dentro de una tirada. Este es un paso fundamental antes de entrar en la lectura del tarot. Te invito a que lo pruebes ahora.

8. Oros —Pentacles—

As de Oros

Prosperidad • Confianza • Materia • Felicidad

Descripción

Los ases del tarot representan la energía más pura del palo al que pertenecen. El As de Oros es una semilla de crecimiento material que debe ser plantada cuanto antes. Si el As de Oros aparece, es preciso examinar nuestra vida para conocer cómo podemos emplear esta energía. Ahora no es el momento de imaginar o de soñar. Es el instante de la acción, de poner los pies sobre la tierra.

Este as es un anuncio de prosperidad económica, abundancia, confianza y seguridad. En el plano físico, es también una invitación a gozar de la naturaleza y a hacer florecer tu vida. En estos momentos pueden surgir oportunidades insospechadas, encuentros u ofertas. Es la hora de aprovecharlas, pues son la señal de que la energía de este as se está desplegando en tu vida.

Busca aquello que te de seguridad. Escucha la voz de tu sentido común. Desciende a la tierra y haz caso de las señales de tu cuerpo. Disfruta de los dones de la vida y aprovecha todo lo que el mundo material puede ofrecerte.

En una lectura, el As de Oros es un signo de que esta vez tus sueños se pueden hacer realidad. Al ser un símbolo de practicidad, hace tangible todo aquello que está en proyecto. Debes tener claras tus preferencias, pues con la energía de este As puedes cumplir lo que desees, y puedes además atraer toda la prosperidad que necesitas.

Dos de Oros

Diversión • Flexibilidad • Despilfarro

Descripción

El personaje que nos muestra el Dos de Oros es difícil de olvidar. Entre sus manos sostiene dos monedas o pentáculos, que se mueven siguiendo el signo del infinito. El movimiento de sus pies y su posición nos indican que está bailando, o balanceándose. Tras él vemos dos barcos que afrontan sin esfuerzos las subidas y bajadas del mar, el fuerte oleaje. Nuestra vida se asemeja, en muchas ocasiones a ese mar que vemos tras él. Olas que suben y bajan. Pero los barcos no se enfrentan al mar, como intentamos hacer nosotros en muchas ocasiones, sino que se dejan llevar por el oleaje. Este naipe nos transmite la sensación de ser efectivos y flexibles. Los problemas pueden ser infinitos, pero siempre hay una forma de manejarlos con gracia.

En una lectura, el Dos de Oros trae un mensaje de flexibilidad y paz. Si sabes evitar la rigidez, la preocupación innecesaria, y usas toda tu energía para fluir sin resistirte, lograrás el éxito. Es por ello que es un símbolo de la alegría y los buenos tiempos. Invita a alejar la depresión y el mal humor para abrirse a la belleza y la novedad. Esta es una carta alegre y también lleva en sí un desafío. El personaje del Dos de Oros te está diciendo: "cada día es un regalo, confía en ti y aprovéchalo".

Tres de Oros

Trabajo en Equipo • Planificación • Eficacia

Descripción

El Tres de Oros es una de las cartas del tarot que se relaciona con la idea de "grupo". El espíritu de este naipe es práctico. Representa a un grupo de personas que trabajan de forma cooperativa en la consecución de un objetivo. En el dibujo de la carta vemos a tres hombres al pie de un pórtico en construcción. Dos de ellos sostienen los planos, mientras que un tercero, subido en un banco, ejecuta la obra. La idea de cooperación está muy clara en este diseño.

Esta carta muestra la necesidad de planificar el trabajo antes de realizarlo. Del mismo modo que los dos hombres de la derecha realizan un plano de la obra, nosotros mismos debemos aprender a planear lo que queremos hacer antes de llevar a cabo cualquier acto. Quizás este no es un tiempo adecuado para la acción precipitada, sino para la reflexión y el análisis.

Por otro lado, el Tres de Oros indica también competencia. Esta carta dice que poseemos dentro de nosotros las cualidades necesarias para cumplir nuestros planes, siempre que seamos capaces de descubrir dichas cualidades y sepamos aprovecharlas. Acepta tus características positivas y úsalas.

En una lectura, el Tres de Oros te pide que consideres tu tarea como un trabajo de equipo. Si intentas realizarla en solitario tienes grandes posibilidades de fracasar total o parcialmente. Pocos trabajos son totalmente solitarios y en muchas ocasiones dependemos de la eficacia de otros para alcanzar el objetivo deseado. Lo que indica este arcano es que en este momento serás más productivo y eficaz si compartes con otros tu tarea.

Cuatro de Oros

Control • Cambio bloqueado • Posesión

Descripción

En ciertas ocasiones, en nuestro deseo de aferrarnos a lo que tenemos evitamos que se produzcan cambios positivos en nuestra vida. Este arcano habla del problema de la posesividad. En el Cuatro de Oros observamos a un hombre revestido con la corona y el manto del poder real. Sobre su cabeza hay un pentáculo, otro está firmemente sujeto entre sus manos y otros dos descansan bajo sus pies. Tras él una ciudad que, suponemos, es de su posesión. No sabemos cómo ha ganado este rey sus riquezas. Pueden ser el premio a una victoria militar, o pueden ser producto de una herencia. En cualquier caso, estamos seguros de que se aferra a ellas como si fueran todo su ser.

El control es algo valioso y necesario en ocasiones. Tener unas firmes raíces nos evita ser arrollados por los fuertes vientos del destino. En situaciones caóticas, la organización y la estructura evitan la destrucción y la pérdida. Todo esto es cierto. Pero el bloqueo también evita la posibilidad de cambio. Cierto grado de inestabilidad es necesario para que las situaciones fluyan y no haya estancamientos. En los momentos de crisis, los seres humanos afinan su ingenio y empeñan sus energías. De las crisis nace la creatividad y el salto evolutivo.

En una lectura, el Cuatro de Oros te dice que es preciso que te plantees hasta qué punto estás bloqueando ciertos cambios necesarios. ¿Tienes problemas de propiedad, o de posesividad? La lección profunda de este arcano es que el control total es imposible. Aunque este hombre sea el dueño de la ciudad que vemos tras él, ¿acaso puede imponer su voluntad indefinidamente? ¿Puedes evitar los cambios que son verdaderamente necesarios? Si la vida tiene que enseñarte una lección ¿puedes resistirte? Usa la energía de esta carta para preservar y defender lo que posees, pero no para estancarte.

Cinco de Oros

Enfermedad • Abandono • Dificultad

Descripción

Este arcano muestra una de las imágenes más tristes de toda la baraja. Bajo la nieve, un hombre y una mujer caminan desvalidos. Él lleva muletas, una campanilla al cuello, y la cabeza y una pierna vendadas. Ella apenas puede cubrirse de los rigores del tiempo. Las ropas de ambos están destrozadas. Al fondo vemos una ventana iluminada con una hermosa vitrina. En ella están los cinco pentáculos de este arcano. Es una casa iglesia o un palacio ante el que pasan de largo en una noche helada.

El Cinco de Oros muestra la imagen de la pobreza, el abandono, la enfermedad y la dificultad en su más alto grado. Cuando se ha perdido todo, lo único que queda es una sensación de desvalimiento y dolor de la que no siempre sabemos recuperarnos. Cuando no tenemos lo que necesitamos, nuestra rabia o nuestro dolor pueden ser inmensos.

En una lectura, el Cinco de Oros, puede representar diversos tipos de carencia. Una es la carencia económica, la pobreza que sobreviene tras una pérdida financiera, el hundimiento de un negocio, o la mala fortuna. También puede referirse a la falta de salud, que puede ser causada por un accidente, pero también por unas condiciones de vida inadecuadas. Otro tipo de carencia es la pobreza espiritual, que es fruto de un excesivo materialismo. Por último, este arcano puede ser también un indicio de falta de aceptación social. Quizás nos sentimos excluidos de la sociedad, tratados como auténticos parias. Necesitamos sentirnos parte del grupo social, pero somos rechazados. En cualquier caso, el Cinco de Oros es una carta que nos invita a meditar sobre qué aspecto de nuestra vida estamos descuidando hasta el punto de sentirnos enfermos. Si lo descubrimos, seguro que podremos hallar soluciones. Recuerda que las cartas sólo nos aconsejan. Ellas no deciden por nosotros.

Seis de Oros

Gratificación • Recursos • Reparto Equitativo

Descripción

El Seis de Oros es una carta que se encuentra a mitad de camino entre las carencias del Cinco de Oros y los excesos del Diez de Oros. Muestra ese amplio punto medio que separa la pobreza de la riqueza en el que nos movemos la mayor parte de nosotros. ¿Es justa nuestra situación? Seguramente pensaremos que no del todo. Desearíamos tener más.

En este arcano vemos a dos mendigos arrodillados a los pies de un hombre poderoso. En su mano izquierda él lleva la balanza de la justicia con la que simboliza su deseo de equidad. Uno de los mendigos recibe monedas del hombre rico, mientras que el otro suplica su parte de la limosna. No sabemos si la recibirá, aunque el hombre rico aún guarda monedas en su mano y es probable que así sea. En la carta vemos las dos partes de la vida. Hay quien da y quien recibe. Hay quien tiene y quien no. Esta carta se relaciona muy directamente con el arcano mayor de la Justicia.

En una lectura, el Seis de Oros invita a considerar seriamente la pregunta formulada y descubrir, en justicia, qué mereces y qué no. En ocasiones deseamos cosas que, honestamente, no merecemos obtener. En otras, hemos cumplido nuestras obligaciones y aún así no recibimos la esperada recompensa. Cuando surge el Seis de Oros, cada uno recibe según sus merecimientos. Si has hecho méritos, recibirás el premio justo, si no, deberás aprender a luchar por lo que deseas. También puede suceder que te encuentres en el otro lado de la carta, identificándote con el hombre rico que debe repartir. Si es así, el mensaje de esta carta es que actúes con la mayor equidad posible, pues hay personas que esperan lo mejor de ti.

Siete de Oros

Recompensa • Reflexión • Cambio de Dirección

Descripción

En el Siete de Oros vemos a un hombre joven que está trabajando en un jardín. Está descansando, apoyado en su azada y mira un arbusto situado a su derecha. El arbusto muestra, a manera de frutos, los pentáculos del arcano. Esta carta nos recuerda aquellos momentos en que nos tomamos un respiro y nos detenemos a observar la obra ya realizada. Todo trabajo bien hecho tiene su recompensa. El hombre se ha detenido a mirar los frutos de su trabajo. Pero nada le impide extender la mano y recoger esos frutos. El Siete de Oros es una carta de recompensas, de frutos que se recogen.

En una lectura, el Siete de Oros indica que ha llegado el momento de disfrutar de los resultados de la labor. También, esta carta puede indicar un momento de reposo o de reflexión en medio de la tarea. Todo puede mejorarse y muchas veces no somos capaces de ver otras posibles soluciones cuando estamos enfrascados en una tarea absorbente. Como el hombre del naipe, es necesario tomar un respiro y mirar. Dar un paso atrás para contemplar el cuadro completo antes de seguir pintándolo. A veces, cuando nos damos un respiro, vemos que existen otros caminos, otros procedimientos. Decidimos entonces cambiar de dirección. Ese es otro de los significados del Siete de Oros. El cambio siempre es posible, ya que esta no es una carta de decisiones finales. La tarea no ha terminado y, por tanto, nuevas soluciones son aún posibles.

Ocho de Oros

Sabiduría • Trabajo • Detallismo

Descripción

El Ocho de Oros es la carta del trabajo. En ella podemos ver a un joven cincelando un pentáculo. A su lado tiene seis terminados y, en el suelo, uno más por hacer. Él está cómodamente sentado en un banco y se ayuda de las herramientas necesarias. Al tiempo, lleva un mandil adecuado para no mancharse la ropa ni estropearla con alguna esquirla de metal. Su rostro es sereno y concentrado. Evidentemente, goza con su trabajo y lo realiza con la mayor diligencia. Tras él hay un pueblo en la lejanía, al que suponemos que pertenece.

El trabajo no siempre es una tarea rutinaria y alienante. Como el hombre del naipe, también podemos disfrutar del él al tiempo que nos sostiene materialmente. Su tarea, como la nuestra, no ha acabado, pero está pronta a finalizar. Si estamos realizando cualquier obra, este arcano nos muestra que estamos en el camino correcto y que nuestras herramientas, atención y actitud son las correctas para alcanzar un buen resultado. Esta es la carta de la sabiduría práctica. No basta con conocer la teoría, sino que hay que materializarla. En todo trabajo u ocupación hay una parte teórica y otra práctica. Una es la base de la otra y ambas son necesarias para alcanzar resultados. La carta también nos muestra el amor al detalle. Aunque todos los pentáculos están terminados, él los repasa con el cincel para que su dibujo quede perfecto.

En una lectura, el Ocho de Oros nos pide ser muy meticulosos con la tarea que llevamos a cabo. Si nos fijamos en los más mínimos detalles, podemos afinar los resultados hasta extremos sorprendentes, lo cual será de gran utilidad.

Nueve de Oros

Posesiones • Autoconfianza • Refinamiento

Descripción

En este arcano observamos a una dama de la nobleza. Pasea con gracia por sus jardines y porta en la mano derecha un halcón. Tras ella están sus nueve pentáculos y el castillo. El Nueve de Oros es un símbolo de la disciplina y el autocontrol. El halcón que lleva en la mano es un ave salvaje que ha sido domesticada y entrenada para cazar. La cetrería es, sin duda, un arte extraño para una dama medieval, pero es una de las claves para comprender este arcano.

En cierto sentido, este naipe está relacionado con el arcano mayor de la Fuerza, ya que se refiere a la sujeción de los instintos animales y a la sublimación de dichas energías. Lo que diferencia al hombre del animal es la cultura, y por eso esta dama es un ejemplo de refinamiento y civilización. Este arcano es quizás uno de los menos materialistas del palo de Oros. Los pentáculos están ahí, pero la dama les vuelve la espalda y se recrea en su ave. Del mismo modo, nosotros podemos asentarnos en lo material para crear arte, civilización y belleza.

El impulso creativo surge a veces de la sublimación de otros instintos o deseos. De este modo, el halcón del naipe es un símbolo de nuestra sombra, de la parte oscura o animal de nuestra naturaleza que no podemos vencer, pero sí aprovechar en nuestro beneficio.

En una lectura, el Nueve de Oros puede estar indicando la necesidad de un pequeño sacrificio temporal, de evitar caer en el materialismo. Indica la necesidad del autocontrol. También puede ser un signo de confianza en uno mismo. Como la dama poderosa del naipe, podemos pasear por nuestras posesiones con la confianza de que, de momento, no necesitamos la ayuda de otros.

Diez de Oros

Abundancia • Convenciones • Permanencia

Descripción

En este naipe vemos a una familia en medio de sus afanes cotidianos. En primer plano, un anciano sentado acaricia a los perros. Su rico manto está adornado con motivos naturales. Más allá, una pareja habla mientras el niño juega con los perros. Todos están en la ciudad, junto a la entrada o en el mercado. Las monedas están flotando en el aire y forman el esquema del árbol cabalístico de la vida.

En el Diez de Oros alcanzamos el éxito material en su máxima expresión. Una familia rica va de compras y todo a su alrededor es paz y lujo. Indica abundancia, afluencia material y crecimiento en todos los órdenes. Es también un símbolo de la familia feliz, o al menos de la familia tranquila, no problemática.

En cierto modo, esta carta es agradable, pero un poco aburrida. Una vez que se ha alcanzado el éxito y la riqueza, uno desea conservarla. ¿Para qué arriesgar? ¿Para qué buscar la aventura si todo está bien como está? Cuanto más poseemos los seres humanos, más convencionales y temerosos nos volvemos.

En una lectura, el Diez de Oros nos indica que hemos tomado el camino de la comodidad, de lo convencional, de las soluciones probadas. Si lo que buscamos son nuevas ideas, este naipe no las traerá. Es enemigo del cambio y, por tanto, el opuesto al Loco. Aunque si has luchado por conseguir la estabilidad material o familiar, te alegrará ver este naipe en tus lecturas, pues es el mejor presagio.

Sota de Oros

Práctico • Fiable • Próspero • Activo

Descripción

La Sota del tarot es un joven mensajero que nos trae lecciones del palo del que forma parte. La Sota de Oros trae un mensaje de prosperidad. Con una sonrisa, este muchacho, te anima a disfrutar las posibilidades de los Oros. La seguridad, la prosperidad y el desarrollo sólido son algunas de sus características.

Como todas las Cartas Cortesanas, esta Sota puede indicar a una persona de tu entorno o a aspectos de tu propia personalidad. La Sota de Oros es una persona joven o de corazón adolescente. Su principal característica es la solidez. Es alguien que disfruta de los placeres de la vida y de la naturaleza, que nos anima a aprovechar estas riquezas para nuestro beneficio.

En una lectura, la Sota de Oros indica noticias u oportunidades en el terreno material. La oportunidad puede ser pequeña o importante, dependiendo de las cartas que se hallen a su alrededor, pero representa un desafío que debes analizar o aprovechar. Su pregunta para ti es ¿aprovecharás la oportunidad?

Caballero de Oros

Realista • Testarudo • Precavido • Trabajador

Descripción

Los Caballeros del tarot son personajes extremistas que expresan los caracteres más opuestos del palo al que representan. El Caballero de Oros lleva hasta el extremo las cualidades prácticas de su palo. Puede mostrar tanto su cara más precavida, como su aspecto más testarudo. Es un trabajador nato que, una vez que comienza una tarea, no la abandona hasta haberla completado. Quizá por esta razón se le considera la eficacia personalizada.

Pero la eficacia y la terquedad de este Caballero pueden llegar a ser excesivas. En su recio caballo, él avanza lento pero seguro, dando cada paso con solemnidad y firmeza. No podemos pedirle que cambie su trayectoria, ni que se detenga a reconsiderar su posición. Si su camino es erróneo, lo seguirá hasta el final sin detenerse.

Cuando el Caballero de Oros designa a una persona, ésta es cuidadosa y prudente. Nunca gastará en vano sus energías que, por otro lado, son inmensas. Conoce la realidad del camino palmo a palmo, o cree conocerla y no aceptará ningún consejo por bien intencionado que sea.

Probablemente es una persona sin demasiado sentido del humor ni afán lúdico. Para él o ella el trabajo es lo primero y nunca descuida su responsabilidad. Si se le tiene por compañero en el trabajo, será sin duda el mejor en su puesto. Pero como amigo, puede ser bastante aburrido.

En una lectura, el Caballero de Oros te invita a formularte preguntas como: ¿estoy siendo demasiado testarudo? ¿Necesito afirmarme más en la realidad o quizás me ocurre exactamente lo contrario? ¿Tomo las precauciones adecuadas? Las respuestas indicarán con claridad cómo estás utilizando la potente energía de este arcano.

Reina de Oros

Nutriente • Gran corazón • Fiable • Terrenal

Descripción

La Reina de Oros es el personaje más acogedor de todo el arcano menor. Su mayor placer estriba en cuidar de los demás, haciéndoles la vida más segura y confortable. Es una persona cálida y generosa, capaz de llevar adelante los asuntos cotidianos con gracia y eficacia. En esta figura se conjugan la sensibilidad y el sentido práctico. No es de extrañar que a su alrededor haya siempre una nube de amigos, amores, niños, animales o plantas. Todos se nutren de ella. Su lealtad y la confianza que despliega, hacen felices a muchas personas.

En este naipe vemos una figura que nos recuerda a la Emperatriz del arcano mayor. Una reina, sentada casi de perfil, se inclina para observar el pentáculo que tiene en las manos. Sus ropas son hermosas pero sencillas. En cambio, a su alrededor, la naturaleza florece y se multiplica en plantas y animales. Como la Reina del arcano, la persona a que se refiere esta carta, vive con sencillez al tiempo que despliega su generosidad con los demás.

Quizá algunas personas sientan que esta reina es un personaje del que todos se aprovechan. Su generosidad puede ser desmedida, pero como vemos en la carta, esa apertura tiene recompensa. Las preguntas que este naipe inspira son: ¿eres generoso? ¿Estás conectado con la naturaleza? ¿Eres sensible con los que te rodean? El espíritu de la Reina de Oros es muy positivo si sabes emplearlo correctamente.

En una lectura, la Reina de Oros puede indicar a una persona con estas características. Puede ser alguno de nuestro entorno, o alguien que está a punto de aparecer en nuestra vida. También puede ser un claro indicio de la actitud que debemos tomar para alcanzar nuestras metas. Si intentamos ahora ser generosos y fiables, la vida nos recompensará ampliamente.

Rey de Oros

Apoyo • Confianza • Emprendedor • Práctico

Descripción

El Rey de Oros es el personaje capaz de tornar todo lo que toca en oro. Es el auténtico rey Midas del tarot. Él es capaz de encontrar oportunidades en cualquier lugar y tiene éxito en las tareas que lleva a cabo. Es emprendedor y práctico. Cualquiera que sea la tarea que llevemos a cabo, su energía nos impulsa a alcanzar el éxito material.

Este personaje del tarot muestra a un rey pleno de poder y riquezas. En su mano derecha porta una vara de mando de oro, con la izquierda, sostiene el pentáculo dorado de su palo. Su manto está adornado con los deliciosos frutos de la vida. En su trono hay cuatro bueyes, que nos recuerdan al signo de Tauro y el elemento Tierra al que sin duda pertenece.

Cuando este arcano representa a una persona, es sin duda alguien de gran poder. Su confianza en sí mismo no tiene límites y, por esta razón, otras personas se acercan a él en busca de apoyo. Su energía es tal, que la derrocha con generosidad. Sabe dar y recibir, y no teme a la pobreza, pues para él la riqueza es un flujo que no para. También sabe ser firme y nada le detiene cuando persigue un propósito.

En una lectura, el Rey de Oros indica que ha llegado el momento de abrirnos a la prosperidad, de no temer por nuestro futuro. Su mensaje es que cuanto más damos, cuanta mayor generosidad mostramos, más recibimos y más ricos nos volvemos. Si aprovechas la energía de este Rey, podrás llevar a buen término cualquier proyecto que tengas entre manos. Tanto más si ese proyecto está relacionado con el dinero o la adquisición de propiedades. Es el momento de convertir el plomo en oro.

Al principio, la cantidad de cartas que contiene el tarot y la variedad de sus significados puede confundirte con facilidad. El mejor método para conocer las cartas del tarot es un sencillo ejercicio llamado "Una Carta al Día" que encontrarás en la página 197. Te recomiendo que empieces hoy mismo, pues con sólo unos minutos al día, todo el conocimiento del tarot estará a tu alcance.

I. Parte: Ejercicios prácticos

Ejercicio práctico 1

Tu baraja del tarot

¿Cómo se puede aprender a manejar el tarot sin una baraja? Si no tienes aún tu mazo Rider-Waite, este es el momento de comprarlo. Recuerda que puedes adquirirlo en tiendas esotéricas, librerías especializadas y también en algunas librerías generalistas.

Si en tu localidad no hay establecimientos de este tipo, puedes consultar las páginas de publicidad de las revistas esotéricas, pues hay diversos establecimientos que venden estos tarots por correo.

También puedes ponerte en contacto con los principales fabricantes de naipes del tarot:

Llewellyn Worldwide
P.O. Box 64383
St. Paul, MN 55164-0383
Estados Unidos

Naipes Heraclio Fournier
Apdo. Correos 94
01080 Vitoria
España
Internet: www.nhfournier.es

US Games Systems Inc.
06902
Stamford, CT
Estados Unidos
Internet: www.usgamesinc.com

AGM AGMüller
Bahnhofstrasse 21
CH-8212 Neuhausen am Rheinfall
Suiza
Internet: www.agm.ch

Una vez hayas adquirido tus cartas del tarot, debes familiarizarte
con ellas, hacerlas tuyas. El simple hecho de manejar la baraja contribuye a establecer un fuerte vínculo con ella. Por esta razón, es
recomendable, barajar los naipes a diario, mirar cada carta, estu-
diarlas una a una. Algunos ejercicios, como el de "Una carta al
día" que aprenderás más adelante, contribuirán a reforzar tu conexión con ellas.

Otro método para vincularte con las cartas es ponerlas bajo la
almohada al dormir. En muchas ocasiones, se producirán intere-
santes sueños. Más adelante aprenderás a usar las cartas como
consejeros nocturnos.

Si lo deseas, puedes también llevar tus cartas cada día contigo:
en tu bolso, en la mochila, en el bolsillo interior de la chaqueta, o
simplemente teniéndolas entre tus objetos personales.

Algunas personas prefieren utilizar rituales más sofisticados. Por
ejemplo, puedes encender algún incienso especial o quemar deter-
minadas hierbas para, a continuación, pasar la baraja repetidas
veces sobre el humo. Los aromas más empleados son: incienso,
cedro, sándalo o salvia.

Cuando no los uses, debes guardar tus naipes en una bolsa o en
una caja. Si sabes coser, puedes comprar un trozo de tela y hacer
una bolsa para la baraja (Fig. 1). La seda negra es el mejor tejido
para confeccionar una bolsa de tarot, aunque puedes emplear la
tela que desees y el color que consideres más apropiado.

En las tiendas esotéricas se pueden encontrar bolsas y cajas deco-
radas para guardar los naipes. Pero también puedes dirigirte a una
tienda de manualidades o bricolaje, donde hay una variedad de
cajas de madera de diversos tamaños y a precios económicos. Antes
de comprar una caja para tus cartas, tienes que conocer las dimensiones del mazo. Mide el ancho, el alto y el fondo del mazo de cartas. Con estas tres medidas en la mano, compra una caja cuyas
dimensiones sean ligeramente mayores, para que puedas guardar y
extraer los naipes con facilidad y para que cierre correctamente.

Figura 1

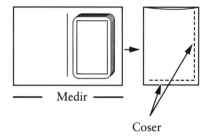

El mazo Rider-Waite de tamaño estándar mide:

70 mm. de ancho

25 mm. de alto

120 mm. de largo

Una vez que dispongas de una caja para tu tarot, es aconsejable darle a ésta un toque personal. Puedes, si así lo deseas, pintarla, barnizarla, o darle el acabado que consideres oportuno. No importa la calidad del resultado final, sino sentir que esa caja es una herramienta personal y no un simple objeto comprado.

En algunas ocasiones puedes sentir que tus cartas, por alguna razón, se han cargado de energía negativa, o simplemente deseas limpiarlas de alguna influencia no deseada. Para limpiar un mazo de cartas puedes probar a colocarlas por orden. Es decir, situar los arcanos mayores desde el Loco hasta el Mundo. A continuación, añadir los arcanos menores en cada uno de sus palos: bastos, copas, espadas y oros; y en orden desde el as hasta el rey. Este método es eficaz en la mayor parte de los casos.

Si la impregnación negativa es demasiado fuerte y no consigues obtener ninguna lectura positiva de esas cartas, puedes emplear métodos más contundentes. El primero es relajarte y visualizar un rayo de luz blanca que proviene del cielo y que limpia tus cartas de toda impureza. Otro método más potente consiste en guardar tus cartas en un embalaje hermético y enterrarlas en la fase de Luna menguante. Señala bien el lugar y recupéralas siete días después. La tierra eliminará toda energía negativa.

Ejercicio práctico 2

El cuaderno del tarot

En este ejercicio aprenderás a llevar una herramienta muy importante en el aprendizaje de la baraja, tu cuaderno del tarot. El cuaderno puede ser un simple block en espiral adquirido en una papelería, o puede ser un hermoso librito confeccionado a mano por el aficionado a la encuadernación. No importa su apariencia, sino el uso que hagas de él.

En este cuaderno anotarás todos tus progresos en el aprendizaje del tarot. Las cartas que extraigas cada día, tus tiradas y las interpretaciones que hagas de ellas, así como los mandalas y meditaciones que aprenderás más adelante.

Debes usar el cuaderno con entera confianza y libertad, sin censurar tus ideas. Si es necesario, lo guardarás en algún lugar discreto a fin de que no pueda ser leído por otras personas. Lo importante es que sientas la confianza suficiente como para poder anotar en él todo lo que pienses y sientas. No es necesario alcanzar la perfección estilística. Ni siquiera debes preocuparte por los puntos, las comas, o incluso las faltas de ortografía. Si quieres emplear frases cortas, o incluso palabras sueltas, está bien. Si te gusta extenderte y dispones de tiempo, puedes hacerlo. También puedes hacer dibujos o esquemas. Exprésate tal y como eres.

En tu cuaderno pon fecha a todas tus anotaciones y deja, si es posible, espacio libre para futuras correcciones o ampliaciones. Cuando hagas una anotación en fecha posterior, es conveniente utilizar un bolígrafo con tinta de otro color.

Tu primera anotación debería corresponder al día en que compres tu mazo de cartas, o quizá al día en que comenzaste este curso.

A continuación, y para estrenar tu cuaderno puedes contestar a estas preguntas:

1. ¿Qué es el tarot para mí?

2. ¿Por qué quiero estudiar el tarot?

3. ¿Qué espero conseguir al final de este curso?

Si lo deseas, anota a continuación cualquier otra observación, comentario, deseo o idea, que se te ocurra acerca de las cartas.

Ejercicio práctico 3

Tus cartas individuales

Como ya has tenido ocasión de conocer, los arcanos mayores del tarot son un conjunto de símbolos arquetípicos válidos para cualquier persona en cualquier marco cultural. Pero de este conjunto, que por ser tan amplio es aparentemente impersonal, podemos extraer cartas que nos afectan directamente. Estas cartas individuales son la carta personal y la carta del alma. En este ejercicio aprenderás a conocer cuáles son tus cartas individuales, las que te acompañarán durante toda tu vida.

Tu carta personal

Para determinar cuál es tu carta personal, simplemente suma los dígitos del día, mes y año de tu nacimiento. Una vez hecho esto, reduce la cifra sumando cada uno de sus dígitos tantas veces como sea necesario hasta hallar un número entre 1 y 22. Ese número corresponde al tu arcano mayor personal. En este cálculo, se considera que el arcano número 22 corresponde a la carta del Loco.

Lo entenderás mejor con un ejemplo:

Fecha de nacimiento:	18 de noviembre de 1962
Suma de los dígitos de la fecha:	18 + 11 + 1962 = 1991
Reducción de la cifra:	1 + 9 + 9 + 1 = 20 (menor que 22)
Carta personal:	**El Juicio**

Veamos otro ejemplo:

Fecha de nacimiento:	19 de septiembre de 1958
Suma de los dígitos de la fecha:	19 + 9 + 1958 = 1986
Reducción de la cifra:	1 + 9 + 8 + 6 = 24 (mayor que 22, hay que seguir reduciendo)
Reducción de la cifra:	2 + 4 = 6 (menor que 22)
Carta personal:	**Los Enamorados**

Antes de continuar con otras cartas, calcula y anota tu carta personal en la siguiente página.

Fecha de nacimiento:

Suma de los dígitos de la fecha:

Reducción de la cifra: 8

Carta personal:

Tu carta del alma

Partiendo del número de tu carta personal, calculamos tu carta del alma reduciendo la cifra hasta un dígito entre 1 y 9.

Siguiendo el primer ejemplo:

Carta personal:	20 (El Juicio)
Reducción de la cifra:	2 + 0 = 2 (menor que 9)
Carta del alma:	**La Sacerdotisa**

El segundo ejemplo:

Carta personal:	6 (Los Enamorados)
Reducción de la cifra:	6 (menor que 9)
Carta del alma:	**Los Enamorados**

En este caso, coinciden la carta personal y la carta del alma. Ten en cuenta que tu carta personal puede ser cualquiera del arcano mayor, pero tu carta del alma sólo puede ser una de las nueve primeras.

Ahora, calcula tu Carta del Alma:

Carta personal:

Reducción de la cifra:

Carta del alma:

Interpretación

Una vez hayas realizado los cálculos, toma tu baraja del tarot y busca tu carta personal y tu carta del alma. Anota en tu cuaderno del tarot los números y los nombres de ambas cartas.

Tu carta personal indica cuál es tu propósito en esta vida. Señala cuáles son tus habilidades naturales y el terreno en el que más fácilmente puedes brillar y aprender. Es una expresión de tu personalidad. Tu carta del alma explica cuáles son los deseos más profundos de tu corazón, las grandes lecciones que has venido a tratar en esta vida. Tiene un significado más espiritual.

Cuando la carta personal y la carta del alma coinciden, el propósito vital de la persona está en clara sintonía con su personalidad y habilidades. Esta es una combinación común en los maestros espirituales o en aquellos que están viviendo una encarnación particularmente importante en su desarrollo vital. La persona con esta combinación está muy centrada y puede lograr grandes resultados.

Observando las dos cartas —o la carta, si sólo es una— anota todo lo que te sugieran sus imágenes. Hazte preguntas como: ¿qué relación tienen conmigo? ¿Me identifico con ellas? ¿Qué haría yo si fuera uno de estos personajes? ¿Qué mensaje quieren transmitirme? Como siempre, anota todo lo que sientas y pienses, sin censuras. Nadie va a leerlo, así que debes expresarte con libertad.

Cuando hayas reflexionado sobre ellas y hayas tomado nota de lo que ambas te sugieren, busca las descripciones de ambas cartas en las Lecciones 3 y 4 de este curso. Lee sus descripciones y medita sobre ellas unos instantes. ¿Modifican tus primeras impresiones? ¿Qué ideas nuevas te aportan? El propósito de esta parte del ejercicio no es que corrijas tus primeras ideas, sino que amplíes el significado que ambas cartas pueden tener para ti.

Una vez hayas tomado nota de todo, cierra el cuaderno, guarda las cartas y dedícate a cualquier otra actividad. A partir de este momento, ambas cartas son tuyas para siempre, y en cualquier momento podrás volver a verlas y a meditar sobre ellas. Cuando tengas oportunidad, haz una fotocopia de ambas cartas y colócala en un lugar visible. Deja que se conviertan en un mandala, en un punto de concentración. En los momentos de duda o de dificultad. Busca estas cartas en tu tarot, obsérvalas y medita sobre ellas. También puedes dejarlas bajo la almohada en el ejercicio que ya hemos visto anteriormente. Deja que, a partir de este momento, sean tus guías personales.

Ejercicio práctico 4

Las cartas cortesanas

Las figuras o cartas cortesanas (sota, caballero, reina y rey) representan personas de nuestro entorno o elementos de nuestra propia personalidad. El siguiente ejercicio te ayudará a conocer mejor las cartas cortesanas. Está adaptado a partir de una idea de Mary K. Greer reflejada en su libro *Tarot for Your Self*.

1. Anota en tu cuaderno 4 ó 5 papeles que desempeñas normalmente en tu vida. Piensa en tu vida personal, familiar, laboral, en tu crecimiento personal, etc.

2. ¿Cómo te sientes en esos papeles? ¿Te identificas con ellos? ¿Sientes que son una máscara de tu verdadera personalidad? Anota en breves palabras tus ideas y sentimientos con respecto a cada uno de esos papeles.

3. Pon las 16 cartas cortesanas en orden sobre la mesa. Es decir, desde el palo de Bastos hasta el de Oros y desde la sota hasta el rey.

4. Analiza las cartas y los papeles que has escrito. ¿Puedes identificar a unas y a otros? ¿Qué dicen las cartas acerca de ti? ¿Qué desearías que dijeran de ti?

5. ¿Hay alguna carta que no hayas identificado contigo y que desearías asumir? ¿Qué papel desempeñarías en la vida bajo la influencia de esa carta? ¿Cambiarías alguna carta por otra?

Este ejercicio es un buen punto de partida para una interesante reflexión personal. Generalmente vivimos detrás de una máscara y cambiamos dicha máscara según estemos en un ambiente u otro, o con el transcurso del tiempo. Una madre protectora y acogedora (Reina de Oros) se puede transformar en su lugar de trabajo en una jefa exigente (Rey de Bastos). El novio romántico (Caballero de Copas), puede convertirse, tras el matrimonio, en un marido pragmático y materialista (Rey de Oros).

La cuestión más relevante de este ejercicio no es sólo descubrir cuáles son nuestros roles actuales, sino analizar qué cambios deseamos efectuar en nosotros mismos. Ser conscientes es el primer paso para la transformación.

Ejercicio práctico 5

Cartas para soñar

Como ya sabes, las cartas del tarot no son sólo herramientas de carácter predictivo. Los naipes pueden ser también un buen apoyo en la meditación, pueden ayudar a resolver problemas. Con este sencillo ejercicio, vas a aprender a usar las cartas como consejeras, al tiempo que refuerzas tu vínculo hacia ellas.

El ejercicio práctico, es muy simple. Consiste en mantener la imagen mental de un arcano como punto focal durante el sueño y observar cómo sus símbolos se introducen en tus sueños, bien directamente o de forma sutil.

Para empezar, escoge una carta que te llame la atención de forma particular. Puede ser tu carta personal o tu carta del alma. También puede ser una carta que se halla repetido varias veces en tus lecturas. Del mismo modo, puedes escoger algún arcano que, por su contenido, te parezca adecuado para resolver alguna cuestión importante de tu vida. En este sentido, algunas sugerencias serían:

Dificultad sentimental: Los Enamorados, Dos de Copas.

Crisis familiar: Diez de Copas, Diez de Oros.

Salud frágil: Rey de Bastos, Dos de Oros.

Cuestiones laborales: Tres de Oros, Ocho de Oros.

Problemas financieros: Dos de Bastos, As de Oros.

Dudas espirituales: El Sumo Sacerdote, El Ermitaño.

Problemas judiciales: La Justicia, Reina o Rey de Espadas.

Estrés, nerviosismo: La Templanza, La Estrella.

Tristeza, Depresión: El Sol, Tres de Copas.

Una vez hayas escogido la carta deseada, espera la hora de dormir. Ya en la cama, y con la luz encendida, relájate y observa detenidamente el naipe. Lo ideal es que, cerrando los ojos, seas capaz de verlo en tu mente con claridad. Esto es más difícil de lo que parece, pues te darás cuenta de la cantidad de pequeños detalles que se te escapan. Persevera durante al menos quince minutos, observando, cerrando los ojos y abriéndolos para completar cada detalle. Tampoco pretendas alcanzar la perfección con este ejercicio, pues es realmente muy complicado. Basta con que veas la imagen con suficiente claridad.

Una vez hayas conseguido memorizar el arcano, coloca el naipe bajo tu almohada, apaga la luz y disponte a dormir. Si temes estropear o arrugar la carta por tenerla bajo la almohada, simplemente déjala en la mesilla de noche, muy cerca de ti.

Al día siguiente, al despertar, toma nota de la carta empleada y de los sueños que recuerdes. Quizá la primera vez no notes nada especial y ni siquiera seas capaz de recordar sueño alguno. Pero con la práctica, muy pronto empezarás a descubrir que el mensaje del arcano comienza a filtrarse en tu conciencia por medios sutiles.

Este ejercicio, cuando se practica con regularidad y se realiza bien, es muy potente y proporciona una gran cantidad de información del mundo arquetípico al que pertenecen los arcanos.

Ejercicio práctico 6

Tomar decisiones con el tarot

La baraja del tarot es una herramienta muy eficaz para tomar decisiones. En el presente ejercicio práctico, vas a aprender a usar el tarot para clarificar tus opciones vitales. Así que la próxima vez que tengas que tomar una decisión, emplea el siguiente método.

En primer lugar, busca un momento del día en que no sea previsible ninguna molestia. Para realizar este ejercicio se necesita calma, tiempo y silencio. Toma tu cuaderno del tarot y un bolígrafo. Anota en él la fecha de hoy y escribe la decisión sobre la que estás dudando. Por ejemplo: "Dejar mi empleo actual y aceptar la oferta laboral que he recibido".

Medita profundamente sobre esta encrucijada. Hazte preguntas: ¿qué ganaré si lo hago? ¿Qué puedo perder? ¿Qué tiempo tengo para decidirme? ¿Qué sentiré si no lo intento? ¿Qué sentiré si lo intento y fracaso? Formula mentalmente todas las preguntas que creas convenientes. Si lo deseas, escribe estas preguntas y las respuestas en tu cuaderno. A continuación, anota todas las posibles opciones que se te ocurran. Siguiendo el ejemplo anterior, éstas podría ser:

1. Abandonar mi empleo y aceptar inmediatamente la oferta.

2. Rechazar la oferta y seguir trabajando donde lo hago ahora.

3. Visitar la nueva empresa, hablar con mis hipotéticos compañeros, ver el ambiente de trabajo y posponer un poco más la decisión final hasta haberlo pensado bien.

Tus opciones pueden ser tantas como desees, aunque es recomendable reducir la lista inicial a tres o cuatro para no complicar el análisis. Una vez hayas aclarado tus opciones, extrae una carta para cada una de las opciones expresadas tanto en sentido positivo como negativo comó se expresa en la página siguiente:

Razones para hacer 1
Razones para no hacer 1

Razones para hacer 2
Razones para no hacer 2

Razones para hacer 3
Razones para no hacer 3

Anota todas las cartas que han surgido y analízalas con calma.

Por último, recuerda que aunque las cartas te pueden ayudar a clarificar tus opciones y son un elemento más a tener en cuenta, la decisión final es tuya y sólo tuya. Si sientes que no debes oír los consejos de las cartas, hazlo. Tú eres la única persona que puede decidir sobre tu vida. No delegues tu poder en otra persona o en las cartas del tarot.

Ejercicio práctico 7

Aclarando tus objetivos

La finalidad de este ejercicio es, por un lado, que entiendas la diferente naturaleza de cada grupo de cartas: arcanos mayores, cartas numeradas, cartas cortesanas y ases. Por otro lado, te servirá para comprobar cómo estas cartas tan diferentes se complementan para crear mensajes plenos de contenido. Además, es un buen ejercicio para empezar a leer el tarot, sin despreciar el conocimiento que puedes alcanzar sobre tus propias motivaciones vitales.

En este ejercicio, tendrás que tomar todo el mazo de cartas y dividirlo en cuatro grupos. Al seleccionar cada carta, procura que ninguna esté en posición invertida. No importa que estén desordenadas, ya que vas a mezclarlas.

Estos son los pasos a seguir:

1. Divide el mazo en cuatro montones, de la siguiente manera:

    El primero tendrá los arcanos mayores (22 cartas).

    En el segundo, agruparás a todas las cartas numeradas desde el 2 al 10 de cada palo (36 cartas).

    El tercer montón contendrá todas las cartas cortesanas Sota, Caballero, Reina y Rey de cada palo (16 naipes).

    Por último, en el cuarto montón estarán los 4 ases.

2. Sitúa cada montón boca abajo y de izquierda a derecha según el orden indicado en el paso anterior.

3. Toma, uno a uno, cada grupo de cartas y mézclalo bien.

4. Sujeta el primer grupo, que contiene los arcanos mayores y piensa: "¿Cuál es mi meta?". A continuación, corta el mazo, extrae la carta superior y déjala aparte sin volverla.

5. Toma ahora el segundo montón, que tiene las cartas numeradas, y piensa: "¿Cuál es el desafío que encontraré en el camino hacia mi meta?". Extrae una carta de este montón siguiendo el método anterior y sitúala a la derecha de la primera.

6. Al tomar el tercer grupo, que contiene las cartas cortesanas, la cuestión que debes plantearte es: "¿Qué o quién me ayudará a conseguir este resultado?". Extrae de nuevo una carta y colócala a continuación de las otras dos.

7. Por último, tomando el pequeño grupo de los ases, piensa: "¿Qué energías se manifestarán cuando alcance mi meta?". Extrae otra carta de este grupo y sitúala a continuación.

8. Vuelve hacia arriba las cuatro cartas que has extraído. Interprétalas de acuerdo a su significado y teniendo en cuenta la pregunta formulada en cada caso. Anota las cartas y tus impresiones en tu cuaderno.

Al realizar este ejercicio espero que entiendas que los arcanos del tarot no son entes aislados. En una lectura, las cartas cooperan entre sí, sumando sus significados y dialogando, cada una de acuerdo a su propia naturaleza. La lectura del tarot es un proceso dinámico en el que se emplean los mismos elementos, pero que ofrece siempre nuevas dimensiones y significados insospechados. Lo que estás empezando a entender es la fascinante complejidad del tarot.

Ejercicio práctico 8

Una carta al día

El mejor método para aprender el significado de las cartas es el ejercicio conocido como "una carta al día". Consiste, como indica su nombre, en extraer cada día un arcano y usar su simbolismo como punto focal para la meditación. Para este ejercicio vamos a utilizar las setenta y ocho cartas del tarot.

Este es un ejercicio muy sencillo, que puedes realizar cada mañana y que sólo te ocupará unos pocos minutos. Si algún día se te olvida sacar la carta, no te preocupes. Tampoco te inquietes si por cualquier razón, no puedes realizar el ejercicio durante una temporada. Cuando quieras volver a ellas, tus cartas del tarot te estarán esperando.

A continuación se detalla el ejercicio paso a paso:

1. Cada día, al levantarte por la mañana, mezcla el mazo de cartas durante unos segundos.

2. Selecciona una carta, bien cortando la baraja y extrayendo el naipe superior o bien extendiendo las cartas boca a bajo sobre la mesa y escogiendo una.

3. Examina el dibujo del naipe. ¿Qué ideas te vienen a la mente? ¿Qué sentimientos te provoca? ¿Qué relación tiene contigo? Si los personajes hablaran ¿qué te dirían?

4. Anota en tu cuaderno del tarot la fecha, la carta y su posición (normal o invertida). Escribe a continuación, en pocas palabras o con una frase corta, qué te sugiere este naipe. También puedes idear una afirmación o frase positiva que se aplique a tu situación actual.

5. Durante todo el día, procura pensar en el naipe que has extraído. Si has creado una afirmación, repítela mentalmente a lo largo de la jornada. Cuando surja cualquier cuestión conflictiva, recuerda el diseño del naipe. Piensa si el mensaje de la carta te puede ayudar a resolver la dificultad. Probablemente descubrirás que sí.

6. Por la noche, o al despertarte al día siguiente, piensa unos minutos en la carta y en los acontecimientos del día. ¿Qué enseñanza has recibido? ¿Qué dificultad has superado? Anótalo en breves palabras en tu cuaderno.

Este sencillo ejercicio, cuando se domina, es casi adictivo y puedes prolongarlo en el tiempo tanto como desees. Ten en cuenta que todas las cartas tienen un significado para ti y que cuando surge una, es por alguna razón. Si encuentras ese significado y logras usarlo como guía, puedes superar muchos problemas cotidianos. De hecho, a veces descubrirás que alguna carta se repite durante varios días —esta es la magia del tarot—. Si te sucede esto, seguramente se trata de un mensaje muy importante del que debes estar especialmente consciente.

Un comentario final. Recuerda que tu carta diaria no es un "presagio" para la jornada, sino un punto focal para la meditación y el aprendizaje. Ciertamente, en algunas ocasiones, su simbolismo estará muy en consonancia con los acontecimientos del día, pero esto no ocurrirá siempre.

II.

Tarot
adivinatorio

9. Lectura de las cartas

Preparativos

Este capítulo es muy importante. Debes leerlo y estudiarlo con cuidado pues los preparativos de la lectura son tan importantes como la propia interpretación de las cartas. Desgraciadamente, muchos autores y maestros minusvaloran los pasos previos a una lectura y pasan, sin mayores miramientos a explicar una retahíla de tiradas que sólo servirán para confundir al aprendiz. Por esta razón, muchas personas se quejan de que las cartas no funcionan para ellos, pero es simplemente porque no las manejan correctamente.

Ten en cuenta que si tus nervios están en tensión, si no tienes una clara idea de lo que quieres saber o si no mezclas correctamente las cartas, los resultados de la tirada pueden variar entre lo absurdo y lo desalentador. Por esto es fundamental aprender y realizar correctamente estos pasos previos que se explican a continuación. Estos preparativos se pueden resumir en cinco fases:

1. Relajación y concentración.
2. Preparar la pregunta.
3. Mezclar las cartas.
4. Cortar el mazo.
5. Disponer la tirada.

Relajación y concentración

Ninguno de nosotros vive aislado en una burbuja de cristal. Todos estamos sometidos, en mayor o menor medida, a las exigencias del mundo que nos rodea. A la hora de trabajar con el tarot, tendrás que buscar un momento de tranquilidad, en que no haya distracciones ni molestias externas. Pero, aunque puedas encontrar algunos instantes de silencio a tu alrededor, lo verdaderamente difícil es alcanzar el silencio interno, esto es, poder dejar a un lado las preocupaciones, temores o ideas que te acompañan durante todo el día. Por eso es necesario hacer un pequeño ejercicio de relajación y concentración antes de leer las cartas. Hay muchas formas de alcanzar ese estado de paz interna. Así que si conoces algún método que te sirva, no dudes en usarlo. Si no es así, te propongo a continuación un sencillo ejercicio.

Siéntate en la silla, frente a tu mesa de trabajo. Pon el mazo de cartas sobre su tapete y cierra los ojos. Respira lenta y profundamente, llenando tus pulmones no sólo con aire, también con energía. Imagina tu cuerpo sentado en la silla, con la tierra marrón bajo tus pies. A cada exhalación, observa cómo una energía negra o marrón desciende por todo tu cuerpo y se disuelve en la tierra. Con esta energía, todas tus preocupaciones se marchan y desaparecen.

Cuando sientas que tu cuerpo está limpio, visualiza una energía de color blanco, dorado o celeste que viene del cielo y penetra en tu cabeza por la parte superior. Imagina en cada inhalación que la energía desciende más y más a través de tu cabeza, cuello, pecho, brazos, vientre, caderas y piernas. Cuando la energía blanca o dorada te ha llenado por completo, imagina que tu cuerpo vibra lleno de paz. Observa tu corazón, rodeado de un círculo de energía rosada, la energía amor. A cada latido del corazón, la energía amor impulsa a la energía blanca que surge de tu cuerpo y se expande en todas direcciones. Disfruta unos instantes de esta sensación, antes de abrir, lentamente, los ojos. Este ejercicio no dura más de cinco o diez minutos. Si lo realizas correctamente, te sorprenderá sentir que cuando abras los ojos habrá una amplia sonrisa en tu boca.

Preparar la pregunta

Siempre hay un motivo para consultar el tarot: una relación compleja, proyectos, un examen que se presenta difícil, los problemas del trabajo o los negocios, el desarrollo personal que se ha estancado, y muchas cosas más. Estas cuestiones suelen crear en ti una maraña de pensamientos y sentimientos que hace difícil ver la cuestión de forma objetiva. Cuando te enfrentas a las cartas tienes que convertir esa maraña en una pregunta concreta. A continuación aprenderás a hacerlo.

Hay una serie de consejos que debes tener en cuenta al preparar tu pregunta. Dichos consejos se resumen en los siguientes términos:

Reflexión

Responsabilidad

Precisión

Probabilidad

Reflexión

Antes de escribir una pregunta, debes hacer una pequeña reflexión sobre el problema o la cuestión que te ha impulsado a consultar el tarot. Ten en cuenta que muchas veces el problema puede ser tan acuciante para ti que tu mente no estará lo suficientemente despejada como para poder reflexionar sobre él. Si sientes algún tipo de alteración emocional, es mejor que esperes a otro momento para leer las cartas.

Si consideras que estás en buenas condiciones para realizar la lectura, conviene que te hagas algunas preguntas como las siguientes: ¿Cómo surgió el problema o la cuestión? ¿Cómo se han desarrollado los acontecimientos? ¿Cuál ha sido mi participación en ellos? ¿Qué papel han desempeñado otras personas? ¿Qué puedo esperar razonablemente que suceda? Puedes tomar nota de estas reflexiones en tu cuaderno del tarot.

Por ejemplo, si vas afrontar un examen importante y deseas consultar al tarot sobre ello, deberías reflexionar sobre varios puntos: tu grado de motivación para estudiar esa materia, la necesidad que tengas de aprobarla, la dedicación que hayas dedicado a su estudio, etc.

Responsabilidad

La vida es una continua elección entre múltiples opciones. Si crees que eres un juguete en manos de otras personas o del destino, estás renunciando a la capacidad de decidir sobre tu vida, de cambiar de rumbo o de alcanzar nuevas metas. Al escribir la pregunta ten siempre presente que el tarot es una herramienta que te puede ayudar a comprender mejor la realidad que te rodea. Aprovecha esta herramienta para crecer en responsabilidad y por tanto en libertad.

A la hora de escribir una pregunta, evita aquellas que se contestan con un simple "sí" o "no". Busca en cambio cuestiones que admitan matices y que reconozcan tu poder de decisión. Por ejemplo entre:

1. ¿Funcionará el negocio?

2. ¿Qué puedo hacer para que el negocio funcione?

Es más recomendable la segunda, pues permite que el tarot explique qué recursos están en tu mano para hacer que el negocio prospere. La primera pregunta equivale a suponer que el negocio prosperará o no independientemente de cuál sea tu actitud, lo cual es un error. En este sentido también es muy recomendable cuidar las palabras que usamos al formular nuestras preguntas. Es conveniente evitar verbos como "¿debería?" o "¿conseguiré?", etc. Evita también las preguntas que impliquen poner tu destino en manos de otros. Así, entre:

1. ¿Me concederán el crédito que necesito?

2. ¿Qué puedo hacer para obtener el crédito?

Es preferible optar por la segunda cuestión que permite mantener todas tus opciones abiertas. Por último, es recomendable formular siempre tus preguntas en positivo. Hablando en positivo, nos estamos dando a nosotros mismos un mensaje muy claro: podemos superar nuestras dificultades. De este modo, entre:

1. ¿Por qué nadie me escucha?

2. ¿Qué puedo hacer para que mis ideas lleguen a los demás?

Siempre debes optar por la segunda porque con ella estás reconociendo que puedes mejorar tu capacidad de comunicación y sólo esperas que las cartas te orienten hacia esa meta.

Precisión

Escribir una pregunta requiere alcanzar el mayor grado de precisión posible. No tiene sentido preguntar varias cuestiones a la vez, ya que con ello sólo conseguimos dispersar nuestra atención. Es mucho más acertado hacer una sola pregunta que resuma todas nuestras dudas.

Considera estas dos preguntas:

1. ¿He estudiado lo suficiente o tendré que confiar en mi suerte en el examen?
2. ¿Cuál será el resultado probable del examen?

La segunda cuestión es más breve y precisa que la primera. Ten siempre en cuenta que las respuestas del tarot son lo suficientemente amplias como para tratar todos los aspectos de la cuestión formulada. Así, en este ejemplo, la respuesta te dirá si el examen sale bien o mal, si has estudiado lo suficiente o si, con un poco más de esfuerzo, puedes aún aspirar a aprobarlo.

Es recomendable también huir de los términos que puedan resultar confusos, de los nombres equívocos, o de los apelativos dudosos referidos a personas. Si nuestra pregunta incluye a alguien, debemos referirnos a esa persona por su nombre, evitando cualquier comentario. Al formular la pregunta hay que ser lo más neutral posible, considerando que nuestra verdad no es la única posible.

Probabilidad

A la hora de escribir una pregunta, es importante que te centres en cuestiones que tengan probabilidades de suceder. Lo contrario no sólo es perder el tiempo, sino arriesgarte a que el tarot te dé respuestas incongruentes. Considera estas dos preguntas:

1. ¿Me casaré con el actor/actriz de Hollywood llamado X?
2. ¿Qué posibilidades tengo de casarme con mi amigo/a?

Estarás de acuerdo en que la primera pregunta es bastante improbable[1] a menos que conozcas a dicho personaje. En cambio la segunda tiene mayores visos de producirse.

---

1. Aunque parezca increíble, esa pregunta me la han formulado.

También es conveniente evitar las preguntas que busquen una respuesta temporal. El tarot no está preparado para dar una respuesta precisa (una fecha) en la que deba suceder tal o cual acontecimiento. El mensaje de las cartas es que cuando hayas alcanzado un determinado nivel de conciencia, se manifestará aquello que deseas, nunca antes ni después.

Mezclar las cartas

Una vez hayas confeccionado tu pregunta —ya ves que no es sencillo—, debes mezclar las cartas. Este es un paso previo imprescindible antes de cualquier lectura. La mezcla cumple varios objetivos:

1. Permite que las energías de los naipes se agrupen para dar respuesta a la pregunta formulada.

2. Asegura el contacto físico con las cartas, logrando así que nuestra energía personal y nuestra intención se trasmitan a todos y cada uno de los arcanos.

3. El acto de mezclar los naipes nos ayuda a concentrarnos y profundiza el estado de relajación.

En el primer capítulo se explicaron algunos métodos apropiados para mezclar las cartas del tarot. A continuación vamos a repasar y ampliar estos sistemas. Pruébalos todos y decídete por aquel que más te agrade. Muchas personas tienen un sólo método para mezclar las cartas y otras emplean diversos métodos siguiendo el dictado de su intuición, las necesidades o el deseo del momento. Como en cualquier aspecto de este arte, sigue tu impulso.

Mezcla en círculos

Consiste en extender sobre la mesa todas las cartas boca abajo. Pon las palmas de ambas manos sobre ellas (Fig. 1) y mézclalas en círculos hasta que sientas que debes parar. A continuación puedes extraer las cartas directamente o bien, puedes recogerlas en un sólo mazo.

Este sistema es idéntico al que se utiliza tradicionalmente para mezclar las fichas de dominó. Es uno de los métodos más utilizados, ya que es sencillo, permite una mezcla perfecta y asegura un buen contacto manual con los naipes. Su único inconveniente es que se necesita bastante espacio para llevarlo a cabo.

Figura 1

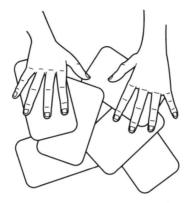

Método del pulgar

Coge el mazo de cartas con tu mano dominante —la que usas para escribir—. Empuja con el pulgar algunas cartas de la parte superior del mazo a la otra mano (Fig. 2). A continuación, empuja otro grupo de cartas a la parte superior del nuevo paquete. Luego, otro grupo a la parte inferior. Continúa desplazando grupos de cartas a la otra mano, alternando la parte superior e inferior del nuevo mazo. Cuando todas las cartas hayan pasado a la otra mano, devuelve el mazo a la mano dominante y vuelve a comenzar. Puedes realizarlo tantas veces como desees hasta que sientas que es suficiente.

El método del pulgar requiere algo de práctica para poder llevarlo a cabo con cierta soltura, además, no garantiza una mezcla perfecta, a menos que se ejecute durante varios minutos. Su ventaja es que una vez hayas adquirido una cierta destreza, es bastante cómodo de realizar. Por otro lado, el contacto manual es bastante amplio.

Figura 2

Mezcla en paquetes

Toma el mazo de naipes con la mano izquierda y saca las cartas de la parte superior, una a una con los dedos pulgar e índice de la derecha. Con las cartas que vas extrayendo forma tantos montones como desees (Fig. 3), poniendo una carta en la parte superior de cada uno. Una vez hayas sacado todas las cartas del mazo principal, recoge todos los paquetes o montones, forma un nuevo mazo y vuelve a empezar hasta que desees parar. Varía el número de montones a formar en cada ocasión para provocar una mezcla diferente.

La mezcla en paquetes es un método sencillo y que proporciona una mezcla perfecta. Además, es el que procura una mayor cantidad de contacto manual con los naipes.

Para evitar las cartas invertidas

Comienza con todas las cartas en posición normal y no las gires. Si en la lectura aparece una carta invertida, simplemente dale la vuelta.

Para que existan cartas invertidas

Cada vez que cortes el mazo —ver apartado siguiente—, gira una mitad 180°. En métodos de mezcla como en el de los Paquetes, recoge los montones girando el mazo.

Figura 3

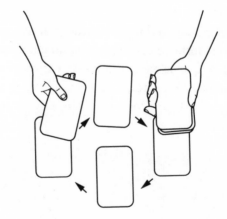

Cortar el mazo

Una vez que te sientas satisfecho con la mezcla o, simplemente, cuando sientas que es suficiente, coloca el mazo de cartas sobre la mesa. Toma un grupo de cartas con los dedos. Pon este montón a un lado. Coloca el montón inicial sobre el segundo. Toma el mazo completo y reagrupa bien las cartas con los dedos.

Algunas variaciones de este método consisten en hacerlo en tres grupos o girar uno de los montones para favorecer la aparición de cartas invertidas. Algunas personas, antes de cortar la baraja realizan algún acto especial, por ejemplo, situar el mazo en la mano no dominante y cubrirlo con la dominante, cerrar los ojos y volver a formular la pregunta. También, soplar suavemente sobre las cartas pensando en la cuestión que se ha formulado. Como en todo, actúa según tu inclinación. El significado de este acto es dar por terminada la mezcla y disponer la mente para la siguiente fase de la lectura: disponer la tirada.

Disponer la tirada

Llamamos "Tirada" del tarot a un modelo o diseño de colocación de las cartas para su lectura. En una tirada, cada naipe tiene un significado que viene determinado por su naturaleza y matizado por la posición que ocupa.

Si has seguido todas las etapas, el paso siguiente es extraer las cartas para conformar la tirada. Hay diversos métodos para extraer las cartas precisas, pero te recomiendo el más simple y eficaz. Una vez has cortado el mazo, simplemente tómalo con la mano izquierda y saca las cartas, una a una de la parte superior con el índice y el pulgar de la derecha. A medida que las vas sacando colócalas en su lugar dentro de la tirada, tal y como verás en el próximo capítulo.

En este Capítulo te he sugerido una serie de ejercicios e ideas preliminares. Es necesario que pruebes estos recursos antes de efectuar tu primera lectura. Te recomiendo que consultes el Ejercicio práctico número 9 "Ejercicios preparatorios", en la página 239.

10. La Cruz Celta

Descripción

La Cruz Celta es una tirada sencilla y muy conocida que está llena de energía y significado. Su antigüedad y popularidad hacen de este sistema uno de los más poderosos, ya que ha sido usado por muchas personas a través del tiempo.

La tirada de la Cruz Celta está dividida en dos secciones. A la izquierda hay seis cartas que imitan el diseño de una cruz céltica (Fig. 1), similar a aquellas que se pueden encontrar repartidas por la geografía de Irlanda. Esta cruz consiste en un círculo de cuyo centro irradian cuatro brazos. El círculo y la cruz simbolizan la unión del espíritu y la materia.

A la derecha hay cuatro cartas formando una línea vertical. El simbolismo de esta línea es masculino, en contraposición al simbolismo femenino del círculo. Ambas secciones reflejan la naturaleza dual de la realidad: masculina y femenina.

Figura 1

Tirada

Una vez formulada la pregunta y mezcladas las cartas, tal como se explica en el capítulo anterior, se extraen diez naipes. Estas cartas se colocan, siguiendo el diagrama (Fig. 2) en el orden que indican los números. Como puedes observar, la carta número dos se sitúa sobre la número uno y en posición horizontal, cubriéndola. Una vez estén todas situadas, se descubren una a una y por orden. Las número uno y dos, por su situación, se descubren al mismo tiempo.

Figura 2

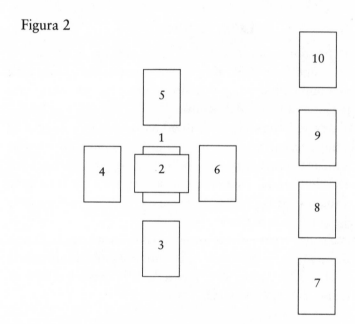

Significado esencial

La sección izquierda, la verdadera cruz celta, está formada por varios elementos. El punto central son dos cartas formando una cruz. Esta cruz representa el corazón de la cuestión, aquello que es central, el eje de la rueda del tiempo. La situación de la carta 2 con respecto a la primera (girada 90 grados) nos sugiere movimiento, giro y acción.

El círculo exterior, formado por cuatro cartas, es la rueda que gira a partir del núcleo central. Podemos verla también como una cruz mayor que solapa a la interior y que está formada por dos líneas. La línea horizontal (cartas 4 y 6) muestra el tiempo moviéndose desde el pasado (izquierda) hacia el futuro (derecha). La línea vertical (cartas 3 y 5) representa el viaje de la conciencia, desde la parte inconsciente (abajo) a lo consciente (arriba).

Las seis cartas de la cruz nos proporcionan una fotografía instantánea del ambiente interno y externo de la cuestión en el momento de la lectura.

Las cartas alineadas a la derecha comentan y amplían las ideas expuestas en la parte izquierda. Aquí se recibe conocimiento acerca de uno mismo y de las personas que están a nuestro alrededor. También se nos muestran las lecciones que la vida nos trae y cuál puede ser nuestra futura dirección.

Análisis detallado

Posición 1: La cuestión, el centro

La carta situada en esta posición representa el asunto central, el tema principal, la pregunta que estás formulando. Te muestra la cuestión con la que te enfrentas, el dilema. Es también una carta de presente, que muestra las causas —internas y externas— que te están haciendo actuar de una determinada manera. Te dice cómo te sientes o cuáles son tus pensamientos y cómo tus sentimientos e ideas están creando tu realidad actual.

Posición 2: Factor de cambio, oposición

La carta situada en la segunda posición se suele interpretar como el factor que se opone a la primera. Desde un punto de vista más amplio, la carta número 2 es la que da movimiento a la primera, es por tanto un factor de cambio, de inestabilidad. El cambio y la inestabilidad pueden ser elementos positivos o negativos, depende de cuál sea la situación que estés afrontando. A veces el cambio es necesario y en otras ocasiones es perjudicial.

El cambio suele generar resistencias, por lo que esta carta puede indicarte cuál es la fuente de esas resistencias. O bien, quizá te indica qué acción o energía es necesaria para equilibrar lo que se muestra en la primera carta.

Posición 3: Inconsciente

La carta situada en la tercera posición te habla de cuál es la causa fundamental que te ha conducido a la situación actual.

Tradicionalmente se asocia con los "factores ocultos o desconocidos". En una perspectiva más actual, puedes ver esta carta como un indicador de cuáles son tus deseos inconscientes. La tercera carta también posee un profundo significado espiritual y kármico. Refleja el ansia más profunda del alma, las lecciones que debes aprender.

Posición 4: Pasado

La carta situada en la cuarta posición te habla del pasado inmediato. Es el conjunto de situaciones que han desembocado el momento actual, las semillas del presente.

La carta número 4 te dice qué es lo que ha sucedido y qué factores se han resuelto ya. Indica las tareas que se han llevado a término, lo que se ha completado. Pero también puede ser una carta que te señale qué cualidades debes dejar atrás, o qué es lo que ya deberías haber eliminado de tu vida. No sólo es una carta de pasado, sino de lo que debería formar ya parte de tu pasado.

Posición 5: Futuro deseado

Si la carta 3 te habla de las influencias inconscientes, la carta número 5, su opuesta, se refiere a cuáles son las influencias conscientes que se están produciendo.

Esta carta habla de propósito, de deseos del ego. Es aquello a lo que aspiras de manera deliberada, tus ilusiones, lo que crees que es tu verdad. Indica preocupaciones, obsesiones y apetencias. Esta carta también puede señalar cuál es el futuro alternativo, aquello que piensas que podría suceder o lo que estás proyectando.

Posición 6: Futuro cercano

La carta situada en la posición 6 señala cuál es tu futuro inmediato. Indica aquellas influencias que se están acercando a tu vida y que muy pronto se harán presentes. Puede mostrar una persona que vas a encontrar o una situación que se te va a presentar.

Si la carta 4, su opuesta, muestra las semillas de lo que ahora existe, la carta 6 predice cuáles serán los frutos que van a venir.

Pero el futuro que aquí se muestra no es algo inevitable, es lo que vendrá si sigues tu camino actual. Es una carta de aviso. Si lo que ves en ella no te gusta, aún estás a tiempo de cambiar. Pero, en cambio, si te muestra un futuro atractivo, su mensaje es que no te duermas en los laureles, que perseveres, porque el resultado está ahí, al alcance de la mano.

Posición 7: Yo

Con la carta situada en la posición séptima se inicia la lectura del segundo segmento de la Cruz Céltica. Esta carta habla del consultante, de ti. Se refiere a tu temperamento y disposición, tu punto de vista o forma de ser. Da la imagen que muestras a los demás, tu cara pública o cómo te enfrentas al entorno.

La carta 7 puede tener también un significado dinámico, mostrando entonces aquello de lo que eres capaz, lo que deberías ser o las habilidades que deberías emplear. Puede indicar cuáles son los límites que te has impuesto o en qué manera puedes expandirte.

Posición 8: El entorno

Si la carta 7 te representa, la carta 8 señala al entorno, a aquellas personas que están a tu alrededor. La carta 8 es la carta del otro. Revela el punto de vista de los demás, que puede ser objetivo o subjetivo, según sea su implicación emocional o desarrollo espiritual.

Esta carta refleja a la otra persona o al ambiente que te rodea. Si la cuestión alude a asuntos internos, la carta 8 habla de cómo reaccionarán los que te rodean ante los cambios que introduzcas.

Posición 9: Deseos y temores

La carta 9 significa tradicionalmente "esperanzas y temores". Es una carta de guía, de cambio, que muestra un modo diferente de proceder, un aviso o una sugerencia. En algunos casos puede ser la carta que dé claridad a una lectura demasiado oscura.

En ciertas ocasiones, esta carta se puede definir como un comodín, un elemento de cambio, de sorpresa. Puede ser una energía que surja de modo inesperado y que debes conocer y utilizar en tu provecho.

Posición 10: Resultado final

La última carta, situada en la décima posición, indica el resultado final de la consulta. Este resultado final no debe entenderse como algo inamovible, escrito en piedra. La carta 10 indica qué sucederá, a largo plazo, si sigues el camino actual, o aquel que las cartas te muestran.

Esta posición te habla de lecciones por aprender, del conocimiento que te espera. Señala las actitudes, cualidades o habilidades que ganarás con el curso del tiempo. Es la carta de la solución. No sólo debes entender esta carta a nivel interno. También hay aquí una señal del efecto que tus acciones tendrán en los demás, y del lugar vital al que debes dirigirte.

La interpretación de la Cruz Celta

Una vez que hayas dispuesto las cartas y conozcas el significado de cada posición, procederás a interpretar la tirada. A continuación te propongo un esquema de interpretación paso a paso:

1. Visión general. ¿Hay alguna carta que llame tu atención, que esté especialmente relacionada con la pregunta formulada? Esta carta puede convertirse en el punto focal de la interpretación.

2. Observar el conjunto de las cartas, teniendo en cuenta:
   Arcanos mayores, cantidad y situación.
   Número de Ases.
   Número de cartas cortesanas.
   Número de cartas por palo.

   Un número elevado de cartas, o la carencia de naipes de un conjunto, es un dato significativo.

3. Analizar las parejas de cartas situadas en las posiciones:
   1 y 2, que muestran el estado de la cuestión y los posibles factores de cambio.
   3 y 5, que indican nuestras ideas inconscientes y nuestros deseos conscientes.
   4 y 6, que señalan el pasado y el futuro de la pregunta.
   7 y 8, que oponen el "yo" y "los otros".

4. Analizar cada una de las cartas según:

Su significado individual, tal y como has practicado en lecciones anteriores.

Posición relativa dentro de la Tirada de la Cruz Celta.

Con relación a la pregunta formulada.

5. Unir todas las ideas que han surgido por medio de un relato o bien por escrito.

En el Apéndice 4 encontrarás cinco ejemplos de lecturas reales del tarot. Todos los ejemplos que se muestran en dicho apéndice se realizaron con el método de la Cruz Celta. Léelos ahora y estúdialos.

Cartas invertidas

Uno de los principales problemas con los que se enfrenta todo usuario de las cartas es la interpretación de las cartas invertidas (Fig. 3). No hay una única interpretación de estas cartas, por lo que a continuación te ofrezco algunas sugerencias:

1. La energía que representa la carta puede estar bloqueada, reprimida o negada.

2. Hay resistencias, lo cual puede ser saludable o no.

3. Tendencia a proyectar este material negado sobre otros.

4. Período de espera, o un retraso externo.

5. La energía es inconsciente, interna o secreta, más que externa o consciente.

6. La persona está rompiendo ataduras.

7. Muestra un camino de dificultad, y la energía deja de fluir constante y automáticamente.

8. Hay un "truco", se requiere de humor, imaginación y creatividad para interpretarla.

9. Hay una cierta molestia, pero es para bien.

10. Huir del acercamiento pesimista, de añadir "no" al significado usual.

Muchos lectores del tarot evitan interpretar las cartas invertidas en su trabajo, otros lo hacemos teniendo en cuenta todas las sugerencias anteriores. Prueba ambos sistemas y escoge al final el que te parezca más apropiado a tus cualidades y gustos.

Figura 3

Posición normal e invertida

Ha llegado el momento de realizar tu primera lectura del tarot. Consulta el Ejercicio práctico número 10 "La Cruz Celta", en la página 240.

11. Diversos tipos de lecturas

En las dos Lecciones anteriores, has aprendido a realizar una lectura individual del tarot. A menos que te dediques profesionalmente a la cartomancia, éstas será el tipo de lectura que realizaras con más asiduidad y por esta razón debes practicarla con frecuencia.

En el presente capítulo aprenderás a realizar otro tipo de lecturas (siempre con el método de la Cruz Celta) que pueden cubrir diferentes necesidades.

Lectura abierta

La lectura abierta es aquella que se realiza sin una pregunta concreta en mente. Estas lecturas se efectúan en días especiales y generalmente son de tipo personal o individual, aunque también se pueden hacer a otras personas. Un ejemplo típico de lectura abierta es la lectura de Año Nuevo que se hace en la madrugada del día primero de Enero, después de las uvas y los brindis. Aunque también se puede hacer antes, ya que ¡no todos estamos sobrios a esas horas!.

Una lectura como la de Año Nuevo nos indica cuáles van a ser las influencias predominantes durante todo el año y qué sucesos o personas se aproximan a nosotros. Para realizar una lectura abierta debes seguir todos los pasos que ya conoces, a excepción de uno, la formulación de una pregunta. Es muy importante hacer estas lecturas en un estado de profunda relajación y concentración, manteniendo la mente lo más despejada posible y sin fijar el pensamiento en ningún hecho o duda concreta. Las lecturas abiertas son muy poderosas y pueden tener una profunda influencia positiva durante todo el período de vigencia.

Una vez extraídas las cartas, anotalas en tu cuaderno del tarot y deja espacio en blanco para futuras anotaciones. Sin duda volverás a esa página para releer y añadir comentarios a medida que los acontecimientos se van desarrollando en tu vida. Algunas ocasiones en las que se puede realizar la lectura abierta:

Comienzo de un nuevo año.

Cumpleaños.

Matrimonio o aniversario.

Nacimiento de un hijo (o sobrino, nieto, etc.).

Cambio de casa.

Comienzo de un nuevo proyecto laboral, vital, etc.

Cambio de estación[2] (para los amantes de la naturaleza y aquellos que viven en el campo):

Primavera: 20–21 de marzo.

Verano: 21–22 de junio.

Otoño: 22–23 de septiembre.

Invierno: 21–22 de diciembre.

Fiestas "mágicas": La Candelaria, el Primero de Mayo o Beltane), San Juan, Todos los Santos, Navidad, etc.

Primer día de cada mes.

Lectura a otra persona

Cuando alguien piensa en el tarot, lo primero que le viene a la mente es seguramente la actividad que llamamos "Lectura a otra persona". Como ya has tenido oportunidad de aprender, el tarot es una excelente herramienta para trabajar uno mismo. La lectura a otras personas puede ser un sistema para ayudar a nuestros seres queridos, pero no es una técnica para aprender a manejar el tarot. De hecho, muchos conocedores del tarot no lo practican. Así que, si después de practicar este método decides que no es para ti, simplemente no lo hagas. Pero no dejes de probarlo si tienes oportunidad.

---

2. El comienzo de las estaciones astronómicas varía de año en año. Así que si deseas conocerlas con exactitud de horas y minutos, acude a un almanaque astronómico o unas efemérides astrológicas.

Procedimiento

Una Lectura de este tipo implica evidentemente a dos personas:

El Cartomante, Tarotista o lector, o sea, tú.
El Consultante, o sea, quien pregunta.

Tradicionalmente, ambos se sientan a una mesa frente a frente, aunque algunos tarotistas prefieren tener al consultante sentado a su lado para que vea las cartas desde su misma perspectiva.

Una lectura de este tipo implica todos los pasos previos que se indicaron en el Capítulo Nueve, aunque con algunas variantes:

1. Relajación y concentración. Son obligatorias para el lector, y recomendables para el consultante.

2. Preparar la pregunta. Esta debe ser una tarea entre los dos. El consultante tiene una idea de lo que desea saber, y es tu obligación escucharle. Pero debes formular la pregunta en los términos correctos, como ya has aprendido. Tienes que explicar claramente al consultante la necesidad de realizar la pregunta de ese modo y no permitir que te impongan otros criterios a menos que sean muy razonables.

3. Mezclar las cartas. Generalmente es una tarea que realizarás tú.

4. Cortar el mazo. Algunos lectores permiten que el consultante toque sus cartas o incluso las mezcle. Otros no admiten ningún contacto de este tipo. Los hay también selectivos, tolerando ese contacto o no, según el grado de empatía que alcancen con el consultante, o permitiéndoles sólo realizar el corte final. Como todo, esta es una elección personal. Haz aquello que resulte más coherente con tu forma de ser.

5. Disponer la tirada. Esta tarea la realizas tú.

Por supuesto, harás tus primeras lecturas a amigos o familiares cercanos. La cercanía emocional te permitirá conectar con mayor facilidad con alguien conocido y puedes tener la seguridad de que estas personas entenderán tus fallos. Antes de empezar tienes que advertir al consultante que estás aprendiendo a manejar las cartas y que el resultado de la lectura no debe ser tomado como un augurio infalible. Antes al contrario, busca un ambiente relajado y confortable.

En las primeras lecturas es muy fácil quedarse "con la mente en blanco". Si eso sucede, cálmate. No estás demostrando nada, estás simplemente aprendiendo. Di que no recuerdas el significado de esa carta. A continuación coge el libro —que estará a mano— y busca el naipe y su significado. Coméntalo con el consultante y sigue con la siguiente carta. Otra técnica, sencilla pero eficaz, para esos momentos de bloqueo es pedir al consultante que busque las cartas que más llamen su atención. Estas estarán estrechamente relacionadas con sus sentimientos. Pregúntale sobre esa carta, ¿qué mensaje le comunica? ¿Indica la realización de sus deseos? o, por el contrario ¿es el diagnóstico de sus males? A estas alturas del diálogo, todo estará más claro en tu mente. De hecho, esta es una de las ventajas del Tarot Rider–Waite, el permitir que el consultante participe activamente en la lectura aunque no conozca el significado del tarot.

Ética

La ética es un tema muy personal, pero fundamental cuando se realizan tiradas a otras personas. No está en mi ánimo imponerte unas normas en este sentido, pero sí puedo hacerte algunas sugerencias que deberías considerar:

> No aceptes que te impongan preguntas o temas de consulta. Evidentemente, esto quizás no se aplique a aquellos que viven de la cartomancia.

> No hagas vaticinios infalibles sobre el futuro. No presumas de adivino.

> En particular no pronostiques nunca, bajo ningún concepto, la muerte, ni la enfermedad. Si ves algo en este sentido, indica medidas preventivas: "cuida tu salud, acude al médico, ten prudencia, etc.".

> Explica las razones que han llevado al consultante a su situación actual y cuáles son sus opciones para el futuro.

> Busca siempre la lectura más positiva y constructiva posible. Procura no dañar, sería lamentable que alguien acabara más herido de lo que estaba antes de la lectura.

> No mientas, hay muchas formas de explicar las cosas por duras que sean.

> Sé honrado contigo mismo y con tus ideas.

Lectura a distancia

La lectura a distancia es un tipo de lectura que se efectúa a alguien que no está presente ante nosotros. Este tipo de lecturas suele ser realizada por profesionales, aunque en algún momento puedes verte en la necesidad de tener que llevar una a cabo.

Un elemento fundamental en este tipo de lecturas es disponer de un "testigo", es decir, alguna imagen u objeto que sirva de conexión con el consultante. El mejor testigo es una fotografía reciente. También pueden servir uno o varios de estos elementos:

Nombre completo del consultante.

Su fecha de nacimiento.

Su lugar de residencia o su dirección postal.

Un objeto que le pertenezca.

Una carta o escrito de su puño y letra.

Como es lógico, cuantos más elementos "testigo" poseas, mejores serán los resultados. Tanto en la formulación de la pregunta, como en la mezcla y la tirada de las cartas, debes tener el testigo delante de ti o en tu mente. Por supuesto, la relajación absoluta y la plena concentración son imprescindibles.

Generalmente encontrarás dificultades a la hora de explicar la lectura, ya que, al no estar delante el consultante, se pierde algo de frescura. Normalmente, la interpretación de esta lectura la harás por teléfono, carta o correo electrónico, así que debes tener en cuenta las limitaciones propias de estos medios de comunicación. Explícate con todo detalle y ponte en la piel del consultante. Si has de escribir tu respuesta, relee el texto varias veces hasta asegurarte que su sentido está muy claro. Siempre debes dejar la puerta abierta a que se te formulen dudas y preguntas. La lectura a distancia es un método complicado, que requiere un cierto grado de maestría en el manejo e interpretación de las cartas, así como buenas cualidades de comunicación. Es un sistema que empleamos asiduamente algunos tarotistas y te aseguro que puede ser muy eficaz si se hace correctamente.

El destino

Quiero terminar este capítulo con un comentario personal sobre un tema muy importante, El destino. Quizás estés de acuerdo con estas ideas, o las rechaces totalmente, pero te invito a considerarlas durante unos minutos.

Cuando realices lecturas a otras personas descubrirás que hay diversas formas de entender la vida, muchas más de las que puedas imaginar. Pero, si lo analizas bien, todas las opiniones podrían resumirse en dos grandes ideas contrapuestas:

1. Todo en nuestra vida está prefijado y escrito. El destino es algo real contra lo que no podemos luchar.

2. Somos los creadores de nuestro destino. Modificando nuestras actitudes podemos modificar nuestra vida.

Creo que es evidente que mi "teoría del mundo" está en la línea del segundo enunciado y pienso, con Heráclito, que "el carácter es, para los hombres, su destino". Es decir, que nosotros construimos nuestra vida y podemos introducir en ella cambios significativos.

Para lograr estos cambios, los seres humanos disponemos de dos herramientas fundamentales. La primera es la Conciencia, saber lo que sucede y por qué sucede. En este punto, las cartas del tarot son de gran ayuda. La segunda herramienta es la voluntad. Gracias a ella, buscamos soluciones, nuevos caminos, nuevas ideas. Recuerda siempre que no hay una única forma de ver el mundo, no hay una única solución. Cuantas más ideas, cuantas más opciones, cuanta más flexibilidad, tanto mejor. —Vivir es buscar—.

Quizá pienses ahora que no creo en el destino. Te equivocas a medias, y me explico.

Es evidente para todos que hay una serie de hechos inevitables en la vida de toda persona. El clásico citaba dos: la muerte y los impuestos. Pero hay algunos acontecimientos más que afectan a la mayor parte de nosotros: el amor, la educación, la vida laboral, las enfermedades, los éxitos, las derrotas y muchas cosas más. Hay por tanto, un cierto grado de "destino" en nuestras vidas.

Así por ejemplo, la vivencia del amor es algo inevitable en la vida de casi todos los seres humanos. Pero ¿era tu destino enamorarte de X, quien precisamente no te hace caso? Para muchas personas quizás sea así, una sentencia inevitable contra la que no existe recurso.

Pero observa que hay otra forma de plantear la cuestión: ¿acaso no te enamoraste de X precisamente porque no te iba a hacer caso? A partir de esta pregunta podría surgir otra: ¿qué ideas dentro de mí me impulsan a buscar amores imposibles? Seguida de esta otra: ¿qué puedo hacer para cambiar esta actitud?

Es decir, que frente a algunos acontecimientos más o menos inevitables, es nuestra actitud la que marca la diferencia entre una experiencia creativa o una experiencia aniquiladora. No podemos solucionar el pasado, pero sí aprender de él y buscar otras opciones para el presente y el futuro. Así que cuando leas el tarot a otras personas, considera estos dos principios: conciencia y voluntad. Piensa siempre: ¿cómo puedo ayudar a esta persona a que se comprenda mejor a sí misma? Y también: ¿qué nuevos caminos le puedo sugerir? Quizá todas las ideas expuestas en este apartado sean erróneas. Quizá somos, efectivamente, esclavos del destino. Pero si es así, hacer un esfuerzo por mejorar, aunque sea inútil, vale más que quedarse cruzado de brazos. Por el contrario, creer ciegamente en un destino inmutable sólo te conducirá a la apatía y la inacción. —¿Qué prefieres?—.

Además de la lectura a uno mismo, el tarot te permite hacer lecturas a otras personas. Cuando surja la oportunidad, deberías probar estas lecturas al menos en una ocasión. ¿Quieres saber cómo hacerlo? Lee el Ejercicio práctico número 11 "Diversas lecturas", en la página 241.

12. Otras tiradas

Seguramente ya conoces y has practicado repetidamente la tirada del tarot por el método de la Cruz Celta. En este Capítulo aprenderás varias tiradas nuevas que te ayudarán a resolver algunos problemas concretos que no siempre están bien cubiertos por la Cruz Celta.

En realidad existen muchas formas de echar las cartas —en algunas obras se recogen más de sesenta— y muchas variantes de cada método, lo que puede llevar fácilmente a la confusión. Como verás a continuación, basta con conocer bien unos pocos métodos para poder tratar todas las preguntas y situaciones posibles.

Tiradas de tres cartas

Las tiradas de tres cartas son un método poderoso y sencillo de obtener respuestas rápidas del tarot. Esta tirada consiste, evidentemente, en extraer tres cartas del mazo.

El hecho de que se trate de una lectura rápida y fácil no quiere decir que se prescinda de los pasos previos que se indicaron en el Capítulo Nueve. Una vez hayas efectuado tu ejercicio de relajación y concentración, hayas meditado profundamente sobre la cuestión a tratar y hayas construido la pregunta y mezclado los naipes, procede a cortar y a extraer tres. Éstos se sitúan en el orden indicado en la (Fig. 1.).

El significado de las tres cartas varía de acuerdo a la pregunta que hayas formulado:

Temporal: Pasado – Presente – Futuro.

Personal: Cuerpo – Mente – Espíritu.

Dialéctica: Tesis – Antítesis – Síntesis.

Figura 1

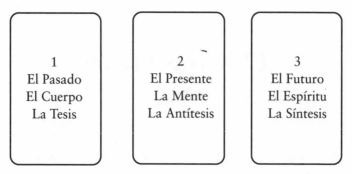

Las tiradas de tres cartas pueden ser también muy apropiadas para conocer la verdadera naturaleza de nuestras relaciones. En este caso, el significado de las tres cartas es el siguiente:

Carta 1. Cómo ve el consultante la relación.

Carta 2. La verdadera naturaleza de la relación.

Carta 3. Cómo ve la relación la otra persona.

Ejemplo Real

Fabiola tiene que enfrentar un examen muy importante que puede significar un importante avance en su vida. Su trabajo no le deja mucho tiempo para estudiar pero, aún así, quiere intentarlo. La pregunta es ¿Qué posibilidades tiene Fabiola de aprobar su examen?

Se extraen para ella tres cartas:

1: Reina de Bastos

2: La Templanza

3: Nueve de Copas R

Si lo vemos en una perspectiva temporal, la Reina de Bastos señalaría el impulso que la indujo a presentarse al examen. Quizá se trate de un acto irreflexivo, pero lleno de deseos de progreso. En el presente se impone la necesidad de alcanzar un equilibrio entre las ocupaciones laborales y el estudio. Esto no es fácil, pero sí absolutamente necesario. En el futuro, se alcanza la satisfacción de los deseos, pero no será algo inmediato, habrá que luchar bastante.

Si queremos analizarlo de forma dialéctica, la tesis es la Reina de Bastos, su ardiente deseo de triunfar, de lograr superar sus limitaciones. La antítesis es la Templanza, la necesidad de hacer un balance, un equilibrio con otras obligaciones laborales. Ambas energías aunque opuestas, son necesarias, para lograr llegar a la síntesis. Se puede lograr lo que se desea, aprobar el examen, pero es preciso que se tengan en cuenta estas energías contrapuestas.

El hexagrama abierto

La tirada del hexagrama abierto fue creada por Donald Michael Kraig y aparece reflejada en su obra *"Modern Magick"*. Consiste en una tirada de siete cartas que representan los dos triángulos del hexagrama, o estrella de David (✿), separados y con una carta situada en posición intermedia.

Para realizar esta tirada, sigue los pasos previos ya consabidos antes de extraer siete naipes que situarás según el orden y posición que se indica en el diagrama adjunto (Fig. 2).

Figura 2

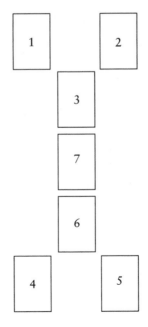

El significado de las cartas es el siguiente:

Carta 1 y 2: Indican influencias espirituales desconocidas. La carta número 2 tiene un efecto más profundo.

Carta 3: Consejo espiritual del asunto.

Carta 4: Deseos inconscientes del Consultante.

Carta 5: Deseos conscientes.

Carta 6: Consejo práctico del asunto.

Carta 7: Resultado final, porvenir.

La tirada del hexagrama abierto es especialmente recomendable para cuestiones de carácter espiritual, vocacional o creativo.

Ejemplo Real

Isabel quiere saber qué puede hacer para tener éxito en su vocación, que es ser escritora de cuentos infantiles. Se realiza para ella una tirada según el método del hexagrama abierto. Como respuesta salen estas siete cartas:

1: Cuatro de Oros R

2: Nueve de Oros R

3: Reina de Copas R

4: Ocho de Bastos

5: As de Oros

6: Siete de Espadas

7: Reina de Bastos

Llama la atención la cantidad de cartas de oros en esta tirada (cuestiones materiales), aunque todos los palos están representados. Por otro lado, aparecen dos reinas que identifican claramente a Isabel, aunque la ausencia de arcanos mayores puede indicar que esta cuestión no tendrá una repercusión fundamental en su vida. De hecho ella tiene más intereses creativos. Todas las cartas superiores están invertidas, lo que puede indicar que su deseo es más material que espiritual.

El deseo consciente (As de Oros) es el de alcanzar un éxito material, el de triunfar. Mientras que los deseos inconscientes van por el camino de la lucha (Siete de Bastos), de la resistencia. De esta manera, la búsqueda del éxito literario se presenta como la materialización de una lucha interior. La vida se presenta difícil para Isabel y busca en esta cuestión una salida, una ilusión.

El consejo práctico (Siete de Espadas) puede ser el de buscar un camino en solitario. Isabel debe buscar los recursos en sí misma, desarrollar un sentimiento de autosuficiencia creativa. Confiar en su propia intuición, buscar los temas para sus creaciones dentro de sí misma.

Las influencias superiores son de dos tipos. Por una parte, la necesidad de no estancarse, de abrirse al cambio y a un cierto descontrol (Cuatro de Oros). Los relatos que escriba Isabel tienen que tener un trasfondo más espiritual y no deben crearse sólo en función de un éxito deseado. Además, es necesario que dichos relatos transmitan la necesidad de una elevación personal.

El consejo espiritual es el de no caer en un excesivo sentimentalismo (Reina de Copas). Escribir cuentos para niños no consiste únicamente en crear mundos de fantasía, sino que son también un método para despertar la conciencia hacia el mundo real que les rodea.

Por último, el resultado final (Reina de Bastos), señala la necesidad de tener coraje. Isabel puede obtener el éxito que desea, pero tiene que tener en cuenta todo lo que ha señalado y, sobre todo, luchar, intentarlo sin desanimarse. El triunfo es posible para ella.

Tirada del mandala

En la tercera parte de este libro aprenderás qué es un mandala y sus múltiples aplicaciones. De momento te bastará con saber que es una figura generalmente circular que se emplea en meditación. La presente tirada tiene esa forma circular y por esa razón se la conoce como tirada del mandala. Esta tirada consta de nueve cartas. Por supuesto, antes de extraer estas cartas debes realizar todos los pasos previos que se han indicado en el Capítulo Nueve.

La tirada del mandala permite conocer, con gran detalle, cuál es la situación vital de una persona. No es una tirada para hacer preguntas, sino para concentrarse en una persona y conocer cuál es su estado actual o para hacer alguna lectura abierta.

Así que, una vez que hayas pensado en ti mismo o en el consultante y hayas efectuado el último corte de la baraja, extrae nueve cartas que ubicarás según se indica en el gráfico (Fig. 3).

Figura 3

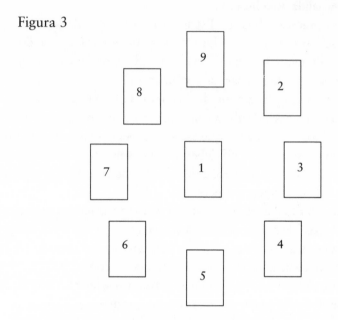

El significado de las cartas es el siguiente:

Carta 1: El consultante, el Yo.

Carta 2: Deseos más conscientes.

Carta 3: Sueños. Aquello que el Consultante desea alcanzar pero que está oculto en su corazón.

Carta 4: Metas. Aquello que se busca activamente.

Carta 5: Ataduras. Lo que impide cumplir los sueños.

Carta 6: Cualidades. Aspectos positivos del consultante.

Carta 7: Temores. Errores del consultante que requieren un cambio.

Carta 8: Auto–imagen. Cómo se ve el consultante a sí mismo en su interior.

Carta 9: Deseo del Alma. El verdadero propósito y destino.

Si lo deseas, puedes añadir cuatro cartas en las cuatro esquinas del mandala que representarán los cuatro elementos de la cosmogonía occidental: tierra, aire, fuego y agua. Sus significados, comenzando por la esquina superior izquierda, serían los siguientes:

> Carta 10: Tierra. La oscuridad, el misterio, lo desconocido.
>
> Carta 11: Aire. Iluminación espiritual, ideas.
>
> Carta 12: Fuego. Deseos, impulsos.
>
> Carta 13: Agua. Creatividad, emociones.

La acción de estas cuatro cartas es dinámica.

Ejemplo Real

Elena desea conocer cómo se desarrollará su vida durante el período de un año. Las cartas que se extraen (tirada del mandala) son las siguientes:

1: As de Copas

2: Ocho de Espadas

3: As de Espadas R

4: La Sacerdotisa

5: Nueve de Copas

6: Cuatro de Bastos R

7: La Estrella R

8: Siete de Bastos

9: Reina de Oros R

Elena es una mujer afectiva, que durante el próximo año va a tener la oportunidad de comenzar nuevas aventuras sentimentales (As de Copas). El plano emocional va a estar en el centro de todos sus intereses, y va a ser la llave de todos los cambios. A partir de este plano hay buenas posibilidades de progreso. El Ocho de Espadas en la segunda posición señala el deseo de recuperar el poder de decisión, de dejar a un lado una sensación de desvalimiento y luchar por una vida más plena. El sueño más oculto es el de encontrar valor (As de Espadas), de avanzar hacia la justicia y la verdad. Para abrazar los cambios que han de producirse, Elena debe hacer acopio de valentía, e internamente lo sabe.

De una forma activa, ella persigue fortalecer su vida interior, descubrir aquello que está dentro de sí (La Sacerdotisa), las razones que la han movido hasta ahora. Desea y busca conectar con sus talentos ocultos y potenciarlos. Las ataduras que impiden cumplir los sueños quizás vengan por una prisa excesiva en cumplir los deseos. La búsqueda de una satisfacción inmediata y plena (Nueve de Copas) puede, paradójicamente, impedir esa satisfacción. En ocasiones tenemos tantos deseos de ser felices que, en el ansia por serlo, ahogamos los flujos y reflujos naturales de la vida que son, al fin y al cabo, los que traen la felicidad.

Las cualidades de la consultante son muy positivas y señalan que ella es capaz de vencer sus temores o dificultades. El Cuatro de Bastos indica una gran capacidad para disfrutar la libertad, para festejar la vida y romper los límites que estrechan el horizonte. El hecho de que la carta esté invertida puede indicar que esas cualidades existen en su interior y deben ser potenciadas.

Los temores de Elena están indicados por una carta especialmente hermosa, la Estrella, pero en posición invertida. Probablemente el mayor temor es el de no alcanzar una paz interior, una estabilidad que permita disfrutar de los placeres de la existencia. Quizá también existe un temor al paso del tiempo, al marchitamiento, a que pase la vida sin haberla llenado de sentido. Estos temores son infundados ya que el año traerá muchas posibilidades de avance y como hemos visto, hay en Elena grandes cualidades interiores.

Ella se ve a sí misma luchando con un entorno que no la satisface (Siete de Bastos). Busca elevarse a una posición de conocimiento desde la que afronta las complicaciones de la existencia. Probablemente se trata de una lucha por el aprendizaje del arte de vivir. En este sentido, el deseo del alma es especialmente hermoso (Reina de Oros) y positivo. Esta Reina es generosa y de corazón cálido, capaz de llevar adelante las cuestiones prácticas sin descuidar el cultivo de la sensibilidad. Como esta Reina, Elena busca la plenitud a través de los sentimientos, la generosidad y la creación. Es el ideal que atesora en su corazón y hacia el que debe dirigirse en el nuevo año.

La posición invertida de este naipe quizá señala que este deseo profundo, este anhelo del alma, está aún dormido en el interior de Elena. Debe hacerlo consciente y buscar vías para su expansión.

Así, la libre expresión de los sentimientos será fundamental en el nuevo año. En resumen, esta lectura indica el comienzo de un año muy importante en el que se pueden liberar muchas de las ataduras del pasado, así como el comienzo de nuevas aventuras vitales y uniones sentimentales.

Tirada de la llave

La tirada de la llave precisa de once cartas que se disponen formando una figura como la que se muestra en la abajo (Fig. 4).

Esta tirada se utiliza para el análisis de problemas complejos que presenten diversas opciones. La tirada de la llave no es realmente de tipo predictivo, sino que más bien pretende que el Consultante examine su situación actual bajo una nueva luz.

Figura 4.

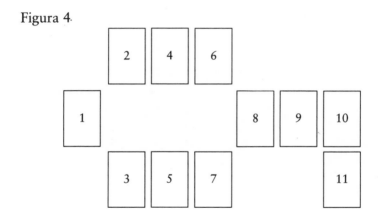

El significado de las cartas es el siguiente:

Carta 1: El consultante y su posición en relación con la cuestión o situación.

Carta 2 al 7: Estas cartas están ordenadas en tres parejas (2 y 3, 4 y 5, 6 y 7). Cada pareja representa un conflicto entre dos influencias opuestas, personas, factores, opiniones. La interpretación dependerá de la cuestión formulada. En cada caso, se puede elegir una opción u otra, intentar reconciliar las dos, o reconocer que tal conflicto existe.

Carta 8: El Pasado.

Carta 9: El Presente.

Carta 10: El Futuro adonde nos lleva la situación actual.

Carta 11: Un resumen de la Lectura, un consejo o comentario final.

Ejemplo Real

Mónica es una joven que comienza una relación con un muchacho al que llamaremos Emilio. Él es cadete militar, y por razones de su empleo, está sujeto a una disciplina que impide que le dedique todo el tiempo que ella desearía. Su pregunta es: ¿Funcionará la relación?

Al realizar la Tirada de la Llave, surgen las siguientes cartas:

1: Diez de Copas R
2: Ocho de Oros R
3: La Templanza
4: El Emperador R
5: Caballero de Oros
6: Cinco de Bastos R
7: El Diablo R
8: Sota de Copas
9: Sumo Sacerdote R
10: El Mundo R
11: Dos de Copas

El centro de la cuestión (Diez de Copas) es la unión de pareja, la creación de la una familia. Este anhelo se retrasa algo más de lo deseado, pero se producirá tal y como veremos.

La primera dualidad se establece entre el Ocho de Oros y la Templanza. El avance y el trabajo común en la relación vendrá a través del equilibrio y la cooperación. La segunda dualidad viene dada por el Emperador y el Caballero de Oros. Hay una influencia por parte de un hombre maduro, el padre de Emilio que hace que la relación avance lentamente. (Esto fue posteriormente admitido por Mónica.) Se recomienda tener paciencia y evitar enfrentamientos. La tercera dualidad presenta al Cinco de Bastos y al Diablo. La carta de Bastos puede señalar al ejército y cómo esta institución se convierte en una atadura importante que provoca reacciones negativas en Mónica.

En el pasado (Sota de Copas) está el inicio de la relación, romántico y soñador. El presente está mediatizado por las condiciones (Sumo Sacerdote) del ambiente, su empleo militar y la disciplina a la que se ve sometido. Pero en el futuro se observa que, pese a las dificultades iniciales, la relación entre ambos será plena y positiva (El Mundo y Dos de Copas).

Ahora que has aprendido diversas tiradas es el momento de empezar a ponerlas en práctica. Consulta el Ejercicio práctico 12 "Otras tiradas", en la página 242, que te orientará en este sentido.

II. Parte: Ejercicios prácticos

Ejercicio práctico 9

Ejercicios preparatorios

En el próximo capítulo aprenderás a formar e interpretar la tirada más conocida, la Cruz Celta. Pero de momento es conveniente que realices los siguientes ejercicios preparatorios:

1. Practica el ejercicio de relajación y concentración varias veces hasta que puedas hacerlo sin mirar las instrucciones.

2. Piensa en al menos tres cuestiones relevantes de tu vida. Construye, para cada una de ellas, una pregunta correcta siguiendo el método que has aprendido en este capítulo.

3. Mezcla las cartas siguiendo todos los métodos enunciados. Córtalas y busca un método para formular la pregunta tal y como se ha indicado.

Realiza estos ejercicios durante tres o cuatro días antes de pasar al siguiente capítulo.

Ejercicio práctico 10

La Cruz Celta

El ejercicio práctico de este capítulo es muy simple. Realiza una tirada según el método de la Cruz Celta. Para ello, busca un tema relevante, pero no fundamental, de tu vida. Algunas sugerencias para esta primera lectura pueden ser: relaciones con amigos, algún próximo viaje, el desarrollo futuro de algún proyecto, etc. Tómate todo el tiempo que necesites para realizar la lectura, incluso varios días. No tengas prisa, el tarot se asimila poco a poco, con tiempo.

Ejercicio práctico 11

Diversas lecturas

1. Realiza una lectura abierta cuando tengas oportunidad de ello. Ten en cuenta que esta lectura no es un "gran vaticinio" sobre tu vida futura, sino una orientación que te guiará en el tiempo en que esté vigente. Es conveniente realizar una lectura de este tipo al menos una vez al año, aunque te recomendaría hacerla mensualmente, el primer día de cada mes. Como cualquier otra lectura, anótala en tu cuaderno.

2. Efectúa una lectura a otra persona. Escoge para ello a alguna amistad íntima o algún familiar con quien tengas especial empatía. Ten en cuenta todo lo que se indica más arriba sobre tus primeras lecturas. Anota los resultados en tu cuaderno del tarot y sobre todo, toma nota de tus sensaciones. Si has sentido incomodidad, vergüenza, o todo lo contrario, apúntalo. En las primeras lecturas de este tipo es normal sentir cierta incomodidad y temor a equivocarse. Algunas personas lo superan y otras no, depende del carácter de cada cual. Si te dedicas a este tipo de lecturas, te gustará, en un futuro, volver a leer estas sensaciones de principiante y ver así cómo has cambiado.

3. Haz una lectura a distancia de la siguiente manera. Toma una fotografía de algún ser querido (no importa que viva cerca o lejos) con quien tengas una especial afinidad y mutuo cariño. Lo ideal es hacerlo con un amigo o amiga. Formula una pregunta relacionada con su vida e inquietudes. La pregunta no debe estar relacionada contigo. Ten en mente su imagen, nombre, fecha de nacimiento y lugar de residencia. Echa las cartas e interprétalas. Escribe tu interpretación en una carta, como si fueras a enviársela. Si consideras que la interpretación está bien hecha y la persona es receptiva a estos temas, hazla llegar como si fuera un regalo. Si no, guárdala en tu cuaderno y, cuando tengas oportunidad, sigue practicando este método. No te desanimes si el ejercicio no te sale bien al principio. Más adelante lo harás mejor.

Ejercicio práctico 12

Otras tiradas

El ejercicio práctico de este capítulo es muy simple. Efectúa al menos una lectura de cada tipo. Analízala y coméntala en tu cuaderno del tarot. Esto te llevará un tiempo, así que no pretendas agotar la cuestión rápidamente. Simplemente, cuando surja una cuestión apropiada para cualquiera de estas lecturas, úsala.

Una nota final con respecto a estas tiradas. Es bastante lógico pensar que "cuanto más grande mejor", es decir, que aquellas tiradas que emplean un mayor número de cartas serán más claras y explicativas que las simples tiradas de tres cartas. Esto no es siempre así. En muchas ocasiones un gran número de cartas complica, más que aclara, la lectura. Ante tantos naipes, es fácil perderse en la maraña de ideas y datos que surgen en estas lecturas. Mi consejo es que emplees habitualmente tiradas pequeñas o la Cruz Celta y que sólo recurras a las mayores en casos excepcionales.

III.

Tarot y
crecimiento personal

13. Planes y cambios

En esta tercera parte aprenderás a aplicar tus conocimientos sobre el tarot en diversos terrenos de tu vida. El tarot es una herramienta de diagnóstico, pero también sirve como guía para ejercicios de visualización creativa y como elemento para confeccionar mandalas que sirvan para fijar tu mente en la consecución de diversos objetivos.

Una vida en transformación

La vida es cambio. Esa es quizás la mayor verdad que se puede extraer de nuestro paso por el mundo. Pero a pesar de que el cambio es inevitable, nuestra reacción ante él no siempre es la más positiva. En muchas ocasiones no lo deseamos, pero se produce. En otras, lo buscamos afanosamente sin éxito. Todo cambio es desestabilizador ya que es, al tiempo, un final y un principio. Constantemente estamos muriendo en unas situaciones para nacer a otras y esto es inevitable.

Ante el cambio sólo hay dos actitudes, resistirse o aceptarlo. La primera implica luchar contra fuerzas más poderosas que nosotros y al final, ser vencidos por la desolación. Pero si aceptamos el cambio, si nos adaptamos a la nueva situación y vemos en ella todo lo positivo que nos puede traer, estaremos abriendo las puertas a una vida más plena y más sabia. Las cartas nos enseñan que podemos y debemos esperar el cambio y que, cuando se produce, debemos aceptarlo y usarlo en nuestro beneficio y en beneficio de quienes nos rodean. Vivir es arriesgarse ¿Aceptas el reto?

Las cartas del cambio

La Rueda de la Fortuna

Con el presente ejercicio, aprenderás una forma de meditación muy poderosa que te permitirá entrar mentalmente en los símbolos arquetípicos del tarot y extraer de ellos información válida para tu vida cotidiana. Aprenderás a hablar con los personajes de las cartas y de este modo, a conectar con tu Yo superior. Este ejercicio se repetirá en las próximas lecciones con distintas cartas. Lee cada práctica y realiza aquellas que te parezcan más apropiadas al momento actual. No realices más de un ejercicio al día, e incluso es recomendable dejar unos días entre uno y otro. Ten en cuenta que vas a contactar con una energía muy potente.

Busca un momento de tranquilidad en el que no vayas a recibir ninguna visita molesta. Desconecta el teléfono o encargale a alguien que lo atienda por ti. El silencio es apropiado, pero si te resulta molesto, pon un poco de música suave de fondo. Necesitarás entre veinte minutos y media hora para completar todo el ejercicio, aunque puedes prolongarlo tanto como quieras.

Siéntate de forma relajada frente a tu mesa de trabajo. Procura que no haya tensiones ni físicas ni mentales a la hora de realizarlo. Si alguna prenda de ropa te oprime, aflójala. Apoya los antebrazos sobre la mesa, de forma que puedas relajar los hombros y toma entre las manos la carta con la que vas a trabajar. En este caso es el arcano mayor número Diez, la Rueda de la Fortuna.

Respira lenta y profundamente y observa el naipe. A primera vista presenta un diseño muy complicado. No juzgues a los personajes que ves en él. Simplemente intenta memorizarlos, tanto a ellos, como sus posiciones en la carta y sus colores. Como ya has realizado este ejercicio con anterioridad —Ejercicio práctico número 6—, no te resultará muy difícil. Mira a los cuatro Evangelistas en las cuatro esquinas, los cuatro tienen un elemento en común ¿cuál? En el centro está la rueda del destino. Intenta fijarte en los símbolos que contiene. No hace falta que los memorices completamente ya que es bastante complicado. A un lado hay un monstruo rojizo y al otro, la serpiente, y sobre ella, la esfinge con su espada.

Cierra los ojos e intenta ver en tu mente tantos detalles como puedas. Ábrelos y memoriza lo que te falte. Realiza este ejercicio de abrir y cerrar los ojos varias veces hasta que estés razonablemente satisfecho de tu capacidad de memorización. A continuación, cierra los ojos, deja la carta sobre la mesa y suelta tus brazos para que caigan a ambos lados de tu cuerpo. Vigila que no haya tensiones en los hombros o en la parte superior de la espalda.

Observa el diseño de la carta en tu mente. Hazlo crecer de forma que los personajes adquieran tamaño humano. Verás como el marco de la carta se agranda para convertirse en una puerta. Crúzala y entra sin temor. Estás en el aire, flotando frente a unos personajes que te observan con curiosidad.

Dirígete a la Esfinge, ya que ella es la gobernadora del naipe. Su mirada es severa y poderosa, pero justa, así que no te hará daño. Agradécele de corazón su atención y humildemente, pídele que te dé un consejo para entender el significado de los cambios de tu vida. Seguramente has vivido algún acontecimiento importante en los últimos años del que desearías conocer el significado. Pregúntalo específicamente. Todo lo que sucede tiene un sentido y la esfinge puede ayudarte a encontrarlo.

También puedes cuestionar a este personaje sobre la importancia o la necesidad de los cambios en nuestras vidas, o sobre la verdadera naturaleza del karma o del destino. Escucha con atención sus palabras y memorízalas con la mayor exactitud posible, ya que están llenas de significado. Cuando hayas satisfecho tu curiosidad, agradece de nuevo los consejos de la esfinge y da un paso atrás. Verás cómo traspasas el marco de la carta y cómo ésta comienza a hacerse pequeña.

Abre los ojos lentamente y escribe en tu cuaderno del tarot todo lo que ha sucedido. Sobre todo, anota las palabras de la esfinge. Ten en cuenta un detalle importante, las esfinges hablan muchas veces por medio de acertijos o parábolas, incluso por medio de imágenes. Si este es el caso, intenta usar tu imaginación para desentrañar el significado. Si aún así no lo logras, no te preocupes, con el paso del tiempo, el mensaje se hará claro para ti. Muchas veces intentamos conocer algo antes del tiempo correcto y eso no es posible. Recuerda que sólo aprendemos cuando hemos alcanzado el grado de conciencia suficiente, nunca antes ni después.

Tres de Bastos

El Tres de Bastos es un arcano que nos muestra a un hombre que se presenta frente a nosotros de espaldas. Mira al horizonte y se apoya en uno de los bastos. Frente a él se extiende el mar, nuevas tierras y barcos que surcan el mar rumbo a ellas. Es la carta de los planes y los proyectos. Así que cuando tengas un plan en tu mente, medita sobre esta carta como hiciste en el ejercicio anterior. Aproxímate a este hombre y habla con él. Pídele un consejo para que tus planes lleguen a buen puerto como esos barcos que se dirigen a nuevos horizontes. Él te dará buenas ideas y la orientación necesaria. Agradécelo de corazón, toma buena nota en tu cuaderno y sobre todo, aplica esos consejos en tu vida cotidiana.

Aprendiendo de los cambios

El presente ejercicio es muy importante y deberías ponerlo en práctica cuanto antes, ya que te proporcionará un gran conocimiento sobre cuáles han sido los cambios fundamentales de tu vida y sus motivaciones reales y ocultas. El conocimiento de estos cambios y sus razones te ayudará a enfrentar, con mayor lucidez, todos los cambios que deban producirse en el futuro. Este ejercicio puede ser el paso previo a la construcción de una vida más plena y positiva.

Busca un momento de calma en el que puedas meditar sin molestias externas. Toma tu cuaderno del tarot y piensa en lo que ha sucedido en tu vida en los últimos años. Seguramente te vendrán a la mente algunos momentos importantes que han tenido una gran influencia en la formación de la persona que eres actualmente. Procura encontrar entre seis y doce acontecimientos y anótalos con breves palabras en el cuaderno.

Quizá te cueste recordar estos cambios, en cuyo caso te propongo que hagas el siguiente ejercicio preliminar. Toma un folio en blanco y escribe en la parte superior tu edad. A continuación escribe la mitad de esa cifra. Este es el período de tiempo que vas a analizar. Comenzando por esta última cifra, anota, una debajo de otra, todas las edades hasta llegar a la actual. Así por ejemplo, si tienes 32 años empezarás a anotar: 16, 17, 18, hasta llegar a los 32. Junto a cada una de tus edades, escribe la cifra del año de calendario al que corresponde esa edad. Así hasta llegar al año actual, que corresponde a tu edad presente. Intenta, recordar un hecho o varios que ocurrieron en cada año. Anótalos. Quizás en algunos no sucedió nada importante, así que no escribas nada. Pero procura acordarte de cada año con la mayor precisión.

Haciendo este ejercicio quizás desees remontarte más atrás en el tiempo, ya que a lo mejor estos hechos te hacen recordar acontecimientos anteriores a esta última mitad de tu vida. Hazlo. Cuando hayas terminado este ejercicio preliminar, verás que has recordado algunos acontecimientos importantes y otros intrascendentes. Quédate con los primeros y anótalos en tu cuaderno del tarot, ya que trabajaremos a partir de ellos. El folio puedes tirarlo o reciclarlo, ya no es necesario.

Los cambios o puntos culminantes que anotes en tu cuaderno pueden ser debidos a decisiones personales, a cambios del destino o a la influencia de otras personas. Pueden ser circunstancias alegres o quizá dolorosas, lo importante es que sean relevantes. Después de anotar cada uno de ellos, en orden cronológico, deja tres o cuatro líneas en blanco para las anotaciones que vienen a continuación.

Tomas las cartas del tarot y sepáralas en tres grupos (no importa que estén desordenadas):

> Los Arcanos menores desde el As hasta el Diez de los cuatro palos (40 naipes).
>
> Las Cartas Cortesanas (16 naipes).
>
> Los Arcanos Mayores (22 naipes).

Extiende el primer grupo —arcanos menores— boca arriba sobre la mesa, de manera que puedas verlos todos de un vistazo. A continuación elige, para cada uno de los acontecimientos de tu vida una carta que, a tu entender, defina dicho acontecimiento. Por ejemplo, el matrimonio puede estar simbolizado por el Dos de Copas, o la infidelidad por el Tres de Espadas, pero también puedes encontrar otros naipes que reflejen mejor tu idea de estos acontecimientos. Actúa con libertad y busca aquello que más resuene en tu interior.

Cuando hayas escogido todas las cartas, analízalas con detalle. ¿Qué palo aparece con más frecuencia? ¿Hay alguno que no aparezca? ¿Qué crees que significa? ¿Qué te sugiere sobre las razones de tus cambios? Recuerda el significado de cada palo:

Bastos: autoafirmación, expansión.

Copas: sentimientos, relaciones.

Espadas: ideas, dolor.

Oros: estabilidad, materia.

A continuación, recoge los arcanos menores y extiende las cartas cortesanas. Estas cartas te indicarán el aspecto de ti mismo que deseó o instigó cada cambio. Selecciona una carta para cada acontecimiento vital, aunque puedes repetir alguna si es necesario. Puede ser un aspecto masculino, femenino o neutro, ya que todos tenemos en nuestro interior estas posibilidades. Anótalo en tu cuaderno. Analiza a continuación qué tipo de cartas predominan:

Sotas: deseos infantiles, inocencia.

Caballos: acción, juventud.

Reinas: nuestra parte femenina, pasiva, receptiva.

Reyes: nuestra parte masculina, activa, expansiva.

A estas alturas, ya habrás clarificado bastante tus acciones. Aún queda una tercera parte. Toma los arcanos mayores y extiéndelos boca arriba sobre la mesa. Estas cartas te ayudarán a entender el por qué de cada acontecimiento. Selecciona una para cada situación y ten en cuenta que puedes repetir algún arcano. Si necesitas una orientación, las razones para escoger cada arcano pueden ser:

El Loco: decisiones o cambios que se produjeron por inocencia o falta de buen juicio.

El Mago: por el ejercicio de la voluntad.

La Sacerdotisa: por una guía interior o por influencia de una mujer.

La Emperatriz: tu madre tomó la decisión.

El Emperador: tu padre tomó la decisión.

El Sumo Sacerdote: para seguir las normas tanto familiares como las sociales.

Los Enamorados: por amor.

El Carro: para proteger a alguien, para alcanzar el éxito.

La Fuerza: para demostrar la propia energía.

El Ermitaño: en la búsqueda de una enseñanza espiritual.

La Rueda de la Fortuna: por el "destino" y por las causas kármicas.

La Justicia: por razones legales o de justicia.

El Colgado: como sacrificio, o para ver el mundo desde otra perspectiva.

La Muerte: por la muerte de algo o alguien, por cambios drásticos y decisivos.

La Templanza: por la necesidad de curarte.

El Diablo: por materialismo, por ataduras, por maldad.

La Torre: por la descomposición del mundo que te rodea.

La Estrella: por fe, por guía divina, por ideales.

La Luna: actuando por instintos, por ilusiones o en medio de la confusión.

El Sol: por amor a la vida, por el deseo de ser feliz, una decisión afortunada.

El Juicio: para cumplir una vocación, un llamamiento, y el despertar.

El Mundo: como una forma de integrar todas las partes, para expresar totalidad y fin.

En cualquier caso, escoge las cartas según tu gusto personal. Para finalizar este ejercicio recapitula sobre todo lo que has aprendido de tus decisiones o cambios del pasado. ¿Qué pautas surgen de este análisis? ¿Qué puedes cambiar para el futuro? ¿Qué energías debes desarrollar? Esta reflexión puede durar muchos días. Anota en tu cuaderno las ideas que se te ocurran y deja espacio posterior para percepciones posteriores.

La flecha del objetivo

En este ejercicio vas a formar tu primer mandala del tarot. Pero antes de comenzar, debes aprender qué es un mandala y por qué es importante utilizar esta herramienta en combinación con las cartas.

Un mandala es un elemento mágico que proviene del Hinduismo y el Budismo. Básicamente se trata de un diagrama o dibujo simbólico que se emplea en determinados ritos religiosos y como instrumento para la meditación, ya que permite fijar la atención en un solo punto, libre de distracciones. El mandala, al igual que sucede con el tarot, es una representación del Universo que pretende servir como punto de encuentro entre las grandes energías que mueven al mundo con la mente y la vida humanas.

En las tradiciones orientales, el mandala se dibuja en pergaminos o se elabora con tierra de colores, invocando durante el proceso a diferentes deidades. En Occidente, investigadores como C. G. Jung, resaltaron el valor de estas obras y las adaptaron a nuestra pragmática mentalidad. Diversas técnicas de desarrollo mental utilizan los mandalas como método para introducir nuevas ideas o conceptos en nuestra conciencia. También, muchos grupos occidentales de yoga o meditación aprovechan los mandalas para vaciar la mente de distracciones y concentrarla en un propósito.

Los mandalas que vas a construir en esta tercera parte, se realizarán con las cartas del tarot. De este modo vas a aprender a conectar dos fuerzas muy potentes y del mismo signo. Por un lado, te servirás del gran almacén de imágenes arquetípicas que es el tarot, imágenes que hablan tanto a tu razón como a tu mente subconsciente. Por otro lado, cuando se seleccionan aquellas imágenes que representan un propósito determinado y se ordenan en una forma mandálica, se convierten en una potentísima herramienta que ayuda a grabar profundamente dicho propósito en tu conciencia.

La verdad que se oculta tras la magia mandálica es que todo aquello que se desea profundamente acaba por hacerse realidad en nuestra vida. Así, estos mandalas, que son el vehículo en el que viajan a tu conciencia las imágenes del tarot, se convierten en la semilla de los cambios que deseas introducir en tu vida.

Aunque la forma mandálica original suele ser circular, podemos emplear diversas estructuras en nuestros mandalas del tarot.

En este ejercicio aprenderás a formar un mandala con forma de flecha que te conducirá directamente al objetivo que más desees, pero en capítulos posteriores verás diferentes formas mandálicas: cruces, aspas, etc. En el mandala, la forma es tan importante como el mensaje, pues ambos se apoyan y se refuerzan mutuamente.

Para crear este primer mandala, que llamamos "La flecha del objetivo", es preciso que tengas un objetivo, una meta claramente definida en tu mente. Toma tu cuaderno del tarot y responde a las siguientes preguntas:

¿Cuál es mi objetivo? Exprésalo con precisión. Por ejemplo, no es correcto decir: "quiero una casa". Describe con detalle la casa que deseas, su situación, su color, equipamiento, etc.

¿Cuál es el propósito que me hace desear alcanzar ese objetivo? Es decir, siguiendo el ejemplo, explica por qué deseas una casa nueva. ¿Representa un cambio de vida? ¿Es porque la actual se ha quedado pequeña para tu familia? ¿O porque necesitas más independencia? ¿O acaso porque no te agrada tu vecindario actual? Explícalo con detalle y toma todo el tiempo que necesites para aclarar tus razones, ya que éstas no son siempre tan evidentes como parecen.

¿Con qué recursos cuento para lograr el objetivo? Divide este capítulo en tres secciones: Recursos físicos o materiales, Recursos emocionales y Recursos mentales. No importa que parezcan escasos. Anota todo lo que pueda ser de utilidad por pequeño que parezca.

Al contestar a estas preguntas, concédete tiempo y deja espacio libre en tu cuaderno para anotar cualquier idea posterior.

Una vez hayas aclarado todas estas cuestiones, toma tus cartas del tarot y extiéndelas boca arriba sobre la mesa, de forma que puedas verlas todas. Haz lo siguiente:

1. Busca entre tres o cinco naipes que representen la meta que persigues. Entre estas cartas escoge una, la que te parezca más cercana a tu meta. Sitúala en la posición 1, según se indica en la Figura 1 que se encuentra en la página 255.

2. A continuación, selecciona un naipe que represente las razones o propósito que te hace desear ese objetivo. Coloca esta carta en la posición 2.

3. Busca ahora tres naipes que representen los recursos de los que dispones para lograr dicho objetivo y sitúalos en este orden:

Los Recursos físicos o materiales en la posición 3A.

Los Recursos emocionales en la posición 3B.

Los Recursos mentales en la posición 3C.

Para elaborar la parte inferior de la flecha, reúne todas las cartas restantes en un solo mazo. Ponlas boca abajo y mézclalas como ya sabes. Al mezclar, piensa firmemente en tu objetivo, visualízalo con claridad en tu mente. Pide una orientación de tipo espiritual para alcanzar dicha meta y extrae tres cartas.

Sitúa las cartas por orden de salida en las posiciones 4A, 4B y 4C, tal y como se indica en la Figura 1. Estas cartas indican, paso a paso, las acciones que debes emprender para alcanzar tu objetivo.

Cuando la flecha del objetivo esté formada, toma nota de las cartas en tu cuaderno del tarot. Esta flecha es un mandala que debes utilizar de forma cotidiana como objeto de concentración y mentalización. Este mandala, y los que se explican en las próximas lecciones, se pueden utilizar de diversas maneras.

Puedes hacer una fotocopia de las cartas que lo conforman. Lo mejor es hacer una fotocopia en color con todas las cartas juntas en una sola página. Posteriormente las recortas y las pegas en un folio o una cartulina en su orden y posición correctas. También puedes hacer una copia en blanco y negro y pintarlas posteriormente. La fotocopia, en este caso, debe ser clara.

Otra opción muy sencilla es disponer las cartas sobre una cartulina blanca, colocando cada una en su posición correcta y hacerles una fotografía. Si empleas una cámara sencilla, realiza varias fotos desde distintas posiciones para asegurar que alguna salga bien. Si es posible, haz ampliar la imagen a tamaño folio.

Si dispones de una computadora que incluya un escáner y una impresora, puedes construir fácilmente cualquier mandala que desees. Lo mejor es colocar todas las cartas en orden sobre la pantalla del escáner. Pero si la figura es demasiado grande, pasa por el escáner cada carta por separado y une los gráficos en uno solo, mediante algún programa de diseño por ordenador. Estos programas son sencillos de manejar si les dedicas unos minutos.

En el caso de que no cuentes con ninguno de los medios anteriores, simplemente forma cada noche el mandala sobre tu mesa y concéntrate en él unos minutos antes de dormir. Por supuesto, debes reconstruir el mandala exactamente tal y como lo creaste en la primera ocasión. Para ello cuentas con el auxilio de tu cuaderno. En último caso, dispones de dos barajas iguales, forma el mandala con las cartas de una de ellas y déjalo en un lugar donde nadie lo toque. Emplea la segunda baraja para tu trabajo normal.

Concéntrate en tu mandala siempre que puedas. Elabora afirmaciones positivas que recitarás al observarlo. Míralo antes de dormir y, si es posible, por la mañana. Lo ideal es que seas capaz de verlo, en cualquier situación y con el mayor detalle posible, con sólo cerrar los ojos. Cuando logres esto, seguramente tus deseos estarán empezando a cumplirse.

Figura 1

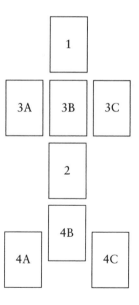

14. Los sentimientos y las relaciones

La vida emocional

No es exagerado decir que entre un 80 y un 90 por ciento de las consultas del tarot están relacionadas con las cuestiones sentimentales. Así que, en lo que a tarot se refiere, este no es un tema más, es el tema.

La vida emocional es muy compleja. No sólo abarca las relaciones estables con la pareja, sino que se amplía al terreno de las amistades íntimas, los sentimientos de aprobación o desaprobación con respecto a uno mismo y otras cosas más. Esta complejidad hace muy difícil ser objetivo en los terrenos sentimentales.

Con frecuencia vivimos relaciones dolorosas y adictivas, pensando que es lo único que vamos a encontrar en la vida y haciendo esto, cerramos la puerta a nuevas posibilidades. Con frecuencia también, tenemos miedo de avanzar, de arriesgarnos, en un vano intento de proteger nuestro mundo interior o una autoestima demasiado frágil.

Las cartas del tarot son un medio ideal para afrontar estos y otros problemas. Su lenguaje simbólico, rico en asociaciones, y la objetividad de las lecturas son un buen aliado en el análisis y la solución de algunos problemas sentimentales. Evidentemente, los problemas muy graves de tipo emocional pueden requerir el consejo de un buen psicólogo.

El dolor y la depresión

El tarot puede ser una buena herramienta para tratar los sentimientos más negativos como son el dolor y la depresión. A continuación se propone un sencillo pero poderoso ejercicio.

Extiende las 78 cartas del tarot boca arriba sobre la mesa. Busca entre todas las cartas aquellas que identifiquen mejor tus sentimientos actuales. Escoge varias cartas. Toma nota en tu cuaderno de las cartas que has escogido.

De entre ellas elige una, aquella que exprese con mayor precisión tu estado emocional. Anota también el nombre de esta carta en tu cuaderno del tarot.

Imagina que eres uno de los personajes que aparecen en el dibujo del naipe. ¿Qué diría ese personaje si pudiera hablar? Escríbelo en el cuaderno con tus palabras, en primera persona y tiempo presente. Puedes extenderte tanto como desees. Deja que el personaje hable a través de ti. Probablemente sentirás un gran desahogo.

Cuando sientas que ya has expresado todo lo que deseabas, vuelve al tarot y busca cuatro o cinco cartas que expresen tus deseos. Procura que sean cartas muy positivas, cartas que dibujen aquello que deberías hacer para recuperar la felicidad. Anota los nombres de los naipes en el cuaderno y tus razones para escogerlos.

Mira estos naipes "redentores" y fija su imagen mentalmente. A partir de ahora, cada vez que los sentimientos negativos te invadan, proyecta en tu imaginación estas imágenes positivas. Como colofón, intenta realizar alguno de esos deseos.

Las cartas del amor

Los Enamorados

Cuando pensamos en el amor, enseguida nos viene a la mente el arcano mayor número Seis, Los Enamorados. Ésta es, verdaderamente, la carta del amor. Te propongo a continuación un ejercicio de visualización que te permitirá conectar con el espíritu de esta carta e incorporarlo a tu vida cotidiana.

En primer lugar, busca un momento de paz en que no te vayan a molestar. Siéntate y mantén entre tus manos el arcano de los Enamorados. Observa la carta con todo detalle. Mira el Sol que brilla en el cielo y el Ángel poderoso que mira hacia la tierra. Sobre ella están Adán y Eva, obsérvales. ¿Hacia donde mira Eva? ¿Y Adán? Observa los árboles que están tras ellos. ¿De qué color es la serpiente? Analiza cada detalle y fíjalo en tu mente. Cierra los ojos y visualiza la carta. Ábrelos de nuevo y comprueba cuántos detalles recuerdas y cuántos has olvidado.

Cuando hayas memorizado bien la carta, cierra los ojos y respira suave y pausadamente. Intenta ver la imagen en tu mente con total claridad. Observa cómo esa imagen aumenta de tamaño y, al tiempo, cómo los personajes se mueven y respiran como si estuvieran vivos. Cuando la imagen tenga un tamaño considerable, entra en ella. Pisa la tierra de ese Jardín del Edén y mira, frente a frente a Adán y a Eva. Fíjate cómo ellos te miran y cómo, el Ángel del cielo, extiende hacia ti sus manos en señal de bienvenida.

Acércate al personaje de la pareja que corresponda con tu sexo. Con humildad, agradécele su ayuda y atención. Pregunta a este personaje qué puedes hacer para reforzar en ti las características de tu sexo, pídele una orientación. Quizá te dé un consejo para incrementar tu masculinidad o feminidad, o quizá te aconseje lo contrario, cómo reducir unas características sexuales que son demasiado fuertes. Todos tenemos una parte masculina y otra femenina. Si sobrevaloramos las características de nuestro sexo, estamos perdiendo un gran terreno de aprendizaje y evolución. Escucha con atención lo que te diga el personaje.

Luego, dirígete al personaje de sexo contrario al tuyo. Después de agradecerle su atención, pídele que te dé un consejo para gustar a las personas de su sexo. Pregunta qué puedes mejorar en tu apariencia o comportamiento para ser más atractivo o deseable. Escucha con cuidado la respuesta.

Por último, mira hacia el Ángel y pídele que te bendiga. Pídele que, con su poder, te dé la energía suficiente como para crear nuevas y positivas relaciones sentimentales. Recibe su bendición con humildad. Quizá te dé algún consejo de tipo espiritual sobre las relaciones. En este caso, escúchale con atención y agradécele sus consejos.

Una vez hayas oído todas las ideas, despídete de esta carta y aléjate lentamente del escenario. Abre lentamente los ojos y toma buena nota en tu cuaderno de todo lo que has visto y escuchado. Medita sobre estas cuestiones y procura aplicarlas en la práctica.

Dos de Copas

Con el arcano menor del Dos de Copas, aprenderás a analizar tus relaciones de pareja. En este naipe, se observa una pareja en el momento de unirse en matrimonio. Llevan ricas vestimentas e intercambian las copas con las que festejarán su unión. Sobre ellos está el caduceo, símbolo alquímico de la unión de los contrarios.

Entra en un estado de relajación similar al que se explicó en el apartado anterior e introdúcete en la imagen de este naipe. Frente a ti están este hombre y esta mujer, alegres y entregados el uno al otro. Agradéceles su atención y pídeles que te den un consejo sobre cómo mejorar tus relaciones. Quizás te hable la mujer, quizá el hombre, o quizá la cabeza de león. En todo caso escucha sus palabras con atención y toma nota mental de dichos mensajes y de quién los emite.

A continuación, toma el papel del personaje de tu sexo dentro de la pareja. Si eres mujer, siente la corona de laurel ceñida a tu frente, la larga túnica que llega hasta los pies, sujeta a la cintura. Siente el manto azulado que se agita con el viento y la tierra bajo tus sandalias rojas. Si eres hombre, sentirás los pantalones ceñidos, la camisa de hilo y el traje que te cubren. Bajo tus botas, fuertes pero nobles, está la tierra.

Seas quien seas, fíjate que en tu mano llevas una copa que estás deseando compartir. Mira a tu pareja a los ojos, con profundo amor compartido, e intercambia las copas. Acercando el recipiente a tus labios, mira el reflejo del vino bajo la luz del Sol y siente su delicado aroma. Toma un sorbo mientras tu pareja hace lo mismo y siente el sabor de la bebida. En tu corazón, este acto de comunión significa la solución de todos los problemas y el renacimiento del amor entre ambos. Debes sentirlo así y alegrarte por ello.

Sepárate de tu personaje y, mirándoles, dales las gracias por todo lo que te han enseñado. Aléjate de la escena y abre lentamente tus ojos. Anota en el cuaderno todo lo que has visto y oído. ¿Qué puedes hacer para aplicar este conocimiento a la práctica?

Aclarando las relaciones

A continuación te propongo una nueva tirada que permitirá conocer la naturaleza de tus actuales relaciones sentimentales.

Para esta Tirada de las Relaciones (Fig. 1) necesitarás ocho naipes. Realiza, como siempre, todos los ejercicios previos a cualquier tirada. A la hora de realizar la pregunta, piensa en ti y en tu pareja. Extrae los ocho naipes.

El significado de las cartas según su posición es la siguiente:

1. Estado actual de la relación.

2. Obstáculos, cambios.

3. Tus deseos inconscientes.

4. Deseos inconscientes de tu pareja.

5. Tus deseos conscientes.

6. Deseos conscientes de tu pareja.

7. El pasado.

8. El futuro.

Analiza las cartas y piensa en cómo los deseos conscientes e inconscientes de cada uno han influido en la relación. ¿Qué puedes hacer para mejorar? Esta tirada puede ser fuente de importantes reflexiones.

Figura 1

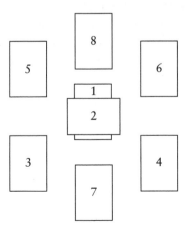

Creando nuevas relaciones

Si deseas dar inicio a nuevas aventuras sentimentales puedes practicar este ejercicio. Con él, reflexionarás sobre tus relaciones pasadas, intentarás construir el modelo de relación que harás realidad y crearás un mandala que te ayudará a hacer realidad estos deseos.

Este ejercicio requiere tiempo, incluso varios días. Para empezar, toma tu cuaderno del tarot y responde a las siguientes cuestiones:

> ¿Qué problemas surgieron en tus relaciones anteriores?
>
> ¿Cualés son los aspectos positivos que destacas de tus relaciones pasadas?
>
> ¿Qué ofreciste en ellas y qué estás dispuesto o dispuesta a ofrecer en el futuro?
>
> ¿Qué recibiste en el pasado, sentimentalmente, y qué deseas recibir en el futuro?

Si no has tenido relaciones sentimentales, piensa y contesta honestamente lo siguiente:

> ¿Cuáles creen que son las razones?
>
> ¿Qué ideas tienes de lo que es una relación sentimental?
>
> ¿Qué te gustaría recibir en una relación?

Si se te ocurre alguna otra pregunta que te parezca adecuada a tu caso, plantéala también. Deja abundante espacio después de cada respuesta, porque quizás tengas algo que añadir más adelante.

Una vez que hayas reflexionado sobre estas cuestiones, extiende las 78 cartas del tarot boca arriba sobre la mesa, de manera que puedas verlas todas de un vistazo. De entre todas las cartas del tarot elige:

> Una carta que describa cómo quieres ser tú en una relación. En este caso y en los siguientes puedes elegir tres o cuatro cartas y luego, entre éstas, seleccionar una que te describa con la mayor precisión. Colócala en la posición 1 del esquema que se muestra en la Figura 2.
>
> Una carta que describa el tipo de compañero o compañera que deseas. Sitúa este naipe en la posición 2.

Una carta que muestre la interacción entre ambos. O sea ¿deseas una relación apasionada o tranquila? ¿Emocional o intelectual? Este naipe irá en la tercera posición.

Una carta que indique la acción que debes llevar a cabo para convertir ese deseo en realidad. Este naipe ocupa la posición 4.

Una vez hayas extraído y situado estas cartas, vuelve boca abajo el resto de los arcanos. Mézclalos con ambas manos y recógelos en un solo mazo. Mientras mezclas, piensa firmemente en la relación que deseas. Pide un consejo de carácter espiritual para lograr que dicha relación se haga realidad. Extrae una carta del mazo y sitúala en la posición 5.

Este es el mandala de tu relación ideal. Toma nota de los nombres de las cartas en tu cuaderno. Si es posible, fotocopia los naipes, recorta las copias y pégalas en un papel formando el mandala. Sitúalo en un lugar visible. Si esto no es posible, crea el mandala cada noche sobre tu mesa y concéntrate en él durante unos minutos antes de dormir.

Figura 2

```
              ┌─────┐
              │     │
              │  5  │
              │     │
              └─────┘

┌─────┐   ┌─────┐   ┌─────┐
│     │   │     │   │     │
│  1  │   │  3  │   │  2  │
│     │   │     │   │     │
└─────┘   └─────┘   └─────┘

              ┌─────┐
              │     │
              │  4  │
              │     │
              └─────┘
```

15. La prosperidad

La economía y el trabajo

La economía y el trabajo, son términos que están estrechamente relacionados para todos nosotros. Esta íntima relación se prolonga, con muchos tentáculos, a otras áreas de nuestra vida. Cuando nos falta el trabajo, o cuando la economía se resiente, sufrimos una honda angustia que acaba repercutiendo en nuestra salud y relaciones personales. De hecho ésta es, después de las relaciones sentimentales, la segunda fuente de consultas al tarot.

Muchas personas tienen una actitud demasiado ansiosa frente a las cuestiones económicas. Desean a toda costa ganar dinero porque depositan toda su seguridad en él. Y muchas veces, guiados por un consumismo exagerado, tendemos a gastar en forma excesiva, intentando con ello tapar algunas demandas emocionales que no encuentran solución por otros medios. Luego nos quejamos porque el dinero es escaso, sin pensar que, con muchas menos cosas materiales, podríamos vivir de forma cómoda. En cambio, otras personas tienen la actitud contraria hacia el dinero. No le dan ninguna importancia e incluso lo desprecian. En muchas ocasiones, este desprecio viene acompañado de un sentimiento oculto de timidez o falta de estima. En estos casos, hay que pensar que no es bueno caer en la avidez por el dinero, pero tampoco hemos de rechazar aquello que, en justicia, nos corresponde por nuestros esfuerzos. La situación económica está estrechamente relacionada con la propia autoestima. Las creencias limitantes acerca de uno mismo "no lo merezco, no valgo lo suficiente, no soy capaz", provocan sentimientos de desvaloración que nos afectan en todos los aspectos. La situación económica es sólo una parte más dentro de este entramado de ideas y sentimientos.

Si aprendes a valorarte, a apreciar todas las cualidades positivas que hay en ti, estarás abriendo el camino hacia tu prosperidad también en el terreno económico. No debes limitarte. Tienes que abrir constantemente nuevos horizontes y nuevas esperanzas.

En el este Capítulo, aprenderás a utilizar las cartas como medio para descubrir estos sentimientos limitantes y como una herramienta para superar dichos sentimientos.

Las cartas de la prosperidad

Seis de Oros

Empezaremos a explorar las cuestiones referidas a la prosperidad meditando con la ayuda de dos cartas del arcano menor de Oros.

Busca un momento de tranquilidad y siéntate frente a tu mesa de trabajo, relajando tu cuerpo. Sostén entre tus manos el arcano menor del Seis de Oros. Observa detenidamente la carta y cada uno de sus detalles. En ella ves a un hombre rico que sostiene una balanza con su mano izquierda y entrega unas monedas con la derecha. Ante él dos pobres, uno que recibe la limosna y otro que espera y suplica. Mira los seis pentáculos (oros) que están sobre ellos y la ciudad que se perfila detrás de la escena.

No juzgues a los personajes, ni te identifiques con ellos. Mira la escena como si contemplaras una pintura o una fotografía, pero sin apegarte a ella. Fija en tu mente cada detalle. Cierra los ojos y observa el dibujo mentalmente. Ábrelos y analiza qué detalles han quedado fuera. Esta memorización tardará varios minutos. Hazlo con calma y asegurándote que eres capaz de recordar tanto como sea posible.

Cuando pienses que tu imagen mental es bastante fiel al diseño de la carta, cierra los ojos y fija tu mente en dicho diseño. Observa cómo la carta crece ante ti y cómo el marco se convierte en una puerta de entrada al naipe. Crúzala sin temor.

Los personajes que antes eran sólo un dibujo, son ahora personas vivientes que respiran y te observan. Escucha el sonido de las monedas que caen en las manos del pobre de la izquierda. Escucha también el lamento del mendigo de la derecha.

Dirígete al hombre rico y pídele que te preste atención por unos minutos. Observa su mirada orgullosa y su porte altivo. Es un hombre poderoso, pero justo, pues lleva la balanza en la mano izquierda. Confía en él y pregúntale qué debes hacer para resolver tus problemas económicos. Pídele un consejo para que la justicia se haga en tu vida y para que puedas recibir aquello que mereces por tus esfuerzos. Él te hablará con palabras sabias, presta atención y guárdalas en tu mente. Si tienes alguna duda o petición que hacerle, hazla sin temor en estos momentos. Si quieres consultar sobre algún negocio o inversión, pregunta.

Cuando hayas aclarado tus dudas sobre el dinero y la riqueza, realiza un cambio de papeles. Introdúcete en este personaje. Siente tus ropas ricas y el peso de las monedas en tu mano. Tú tienes ahora en tus manos la balanza de la justicia. ¿Quieres dar dinero a alguna persona que se lo merezca? ¿O quieres ser el receptor de ese dinero? Reparte tu bolsa de la forma que creas más justa, pero no te quedes con todo su contenido. Entrega dinero a alguna persona de tu entorno y siente que puedes ejercer la generosidad porque tienes posibilidades para ello.

Cuando sientas que has repartido correctamente tu riqueza, sal del personaje y agradécele su ayuda y sus consejos. Aléjate de la carta, que se hará más y más pequeña en la lejanía. Abre los ojos muy despacio y escribe en tu cuaderno del tarot todo lo que ha sucedido y los consejos del hombre rico del naipe. ¿Qué puedes hacer con esos consejos?

Este ejercicio tiene una parte final. Entrega una pequeña cantidad de dinero a alguna causa benéfica. Hazlo de forma anónima. Si no tienes prácticamente nada, hazte el propósito de entregar una cantidad determinada en cuanto ganes tu primer sueldo y cúmplelo. No empezarás a gozar de la prosperidad hasta que no hagas esto.

Nueve de Oros

A continuación, te propongo otro ejercicio que está directamente relacionado con la prosperidad y la riqueza material. En este caso, vas a meditar con la imagen del Nueve de Oros. Toma esta carta y obsérvala con el mismo grado de relajación y concentración que has logrado en el ejercicio anterior.

Observa con cuidado cada detalle del naipe. ¿Qué símbolo está dibujado en el traje de la dama? ¿Cuántos pentáculos hay a un lado y cuántos al otro? ¿Qué edificios se dibujan en la lejanía? Intenta memorizar con el mayor cuidado los detalles de la carta abriendo y cerrando los ojos.

Cuando tengas el dibujo de la carta claro en tu mente, cierra los ojos y déjalo sobre la mesa. Relájate por completo y observa cómo el dibujo crece y penetras en él para encontrarte frente a la hermosa dama que sostiene a su halcón. Ella te observa y sonríe complacida. Es una persona feliz que vive en un ambiente de lujo y serenidad.

Pídele humildemente que te aconseje. Pregunta cómo puedes alcanzar un estado como el suyo, en que todas las cosas fluyen plácidamente y no hay temor al futuro ni a la escasez. Pídele que te oriente para que seas capaz de encontrar en tu vida, en tu entorno, los recursos necesarios para alcanzar una vida materialmente próspera y estable. Ella te aconsejará con placer y quizá te cuente secretos sobre ti, talentos que ignoras, caminos que no has experimentado y que te pueden conducir a la plenitud material. Cuando hayas escuchado todos sus consejos, prueba a meterte en su piel, a sentir por unos minutos la felicidad de tener resueltas todas las preocupaciones materiales. Luego, agradece a esta dama su atención y su ayuda. Aléjate de la escena que se hará rápidamente pequeña ante tu visión. Abre los ojos y anota inmediatamente todo lo que has visto y oído. Piensa en cómo puedes aplicar estas ideas a tu vida actual.

Tirada del trabajo

A continuación te propongo una nueva tirada centrada en las cuestiones laborales. Con ella puedes explorar los problemas que tengas en este terreno, así como buscar soluciones para mejorar en este importante terreno de tu vida.

Si no tienes empleo, y lo estás buscando, usa esta tirada para saber cómo puedes mejorar tus posibilidades de encontrar pronto una ocupación. Para realizar esta tirada, realiza todos los pasos previos que se explican en el Capítulo Nueve. Mezcla las cartas y formula una pregunta relacionada con tu empleo. Dispón las cartas según se indica en la Figura 1.

El significado de las cartas es el siguiente:

1. Tu posición con respecto a la vida laboral.
2. Un consejo de carácter material sobre el trabajo.
3. Un consejo de carácter espiritual sobre el trabajo.
4. El entorno laboral.

Si lo deseas, puedes realizar una pequeña variante en esta tirada. Sustituye la carta cuatro por una serie de cartas que representen a tus compañeros de trabajo, superiores o subordinados. Simplemente, piensa en cada uno de ellos y extrae una carta. Sitúa las cartas en una fila horizontal sobre las tres inferiores. Cada una de estas cartas será un consejo sobre la mejor forma de tratar con cada uno de estos compañeros.

Figura 1

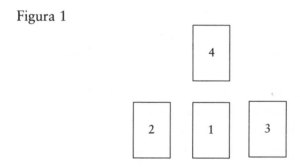

La cruz de la prosperidad

El flujo de la abundancia es parte de la propia esencia de la naturaleza. Observa que, cuando la naturaleza crea algo, lo hace de forma abundante y plena. Pero ¿por qué nuestra vida está muchas veces llena de limitaciones y estrecheces?

La abundancia está en todas partes, es una energía que lo invade todo. El poder para liberar esa energía está dentro de ti. Para lograrlo, debes eliminar de tu mente todas aquellas creencias que te alejan de la abundancia. Las cartas del tarot pueden ser un aliado en esta tarea. Estudia el siguiente ejercicio y llévalo a la práctica.

En primer lugar, toma tu cuaderno del tarot y contesta las siguientes preguntas:

¿Qué es la prosperidad para ti?

¿Hasta qué punto esa idea de prosperidad está asociada al dinero?

¿Qué parte de la prosperidad, tal como tú la entiendes, no está asociada al dinero?

¿Qué es la escasez?

¿Qué ideas o sentimientos positivos tienes hacia el dinero?

¿Cuáles son tus ideas o sentimientos negativos hacia el dinero?

¿Cómo crees que han influido estas creencias en tu situación financiera actual?

Si se te ocurre alguna otra cuestión que se aplique a tu caso concreto, formúlala y contéstala. Tras cada respuesta, deja espacio libre para futuros añadidos. Esta reflexión es muy profunda y te llevará un tiempo completarla. Una vez tengas claras las cuestiones planteadas, disponte a crear tu mandala de la prosperidad.

Extiende las 78 cartas del tarot boca arriba sobre tu mesa de trabajo. Es conveniente que las sitúes de forma que puedas verlas todas de un vistazo. Haz a continuación lo siguiente:

Busca varias cartas (de tres a cinco) que reflejen tus sentimientos e ideas acerca de la seguridad. De entre estas cartas, selecciona una, la que te parezca más ajustada. Pon este naipe en la posición 1, según se refleja en la Figura 2.

Selecciona varias cartas que evoquen en ti la idea de recompensa. Posteriormente, reduce tu elección a una sola carta. Procura que sea un naipe que refleje con claridad la idea de ser recompensado. Sitúa este arcano en la posición 2.

Piensa ahora en el éxito. Selecciona de tres a cinco cartas que se te relacionen con tus ideas acerca del éxito. De nuevo, elige una, la más certera y ponla en la posición 3.

Para la posición 4 selecciona una carta que refleje tu idea de prosperidad. Busca varias posibles y quédate con una.

Observa las cartas que has colocado en tu mandala. Piensa

ahora qué estás dispuesto a hacer para lograr esa prosperidad que tanto anhelas. Busca cartas que evoquen el tipo de trabajo o de esfuerzo que piensas llevar a cabo para lograr todo lo que deseas. Sitúa en el centro esta carta. Quizá no tengas claro qué carta escoger. En ese caso, vuelve los naipes restantes boca abajo, mézclalo, pide una orientación y extrae uno. Esa es la respuesta que buscas.

Ya has formado tu mandala de la prosperidad. En él reflejas tus sentimientos de seguridad, recompensa, éxito y prosperidad. Pero también señalas con claridad qué debes hacer para alcanzar dicha prosperidad. Una vez que hayas formado el mandala, toma buena nota de las cartas que han surgido y si lo deseas, añade algún comentario sobre las mismas. Como en todos los mandalas que se proponen en esta tercera parte, fórmalo cada noche para concentrarte en él durante unos minutos.

Elabora afirmaciones positivas que recitarás mientras miras tu mandala. Si puedes, haz una fotografía o una fotocopia y sitúalo en un lugar visible. Lo más importante es llegar a un punto en el que, con sólo cerrar los ojos, puedas ver todas las cartas con la mayor claridad. La prosperidad estará entonces llegando a tu vida.

Figura 2

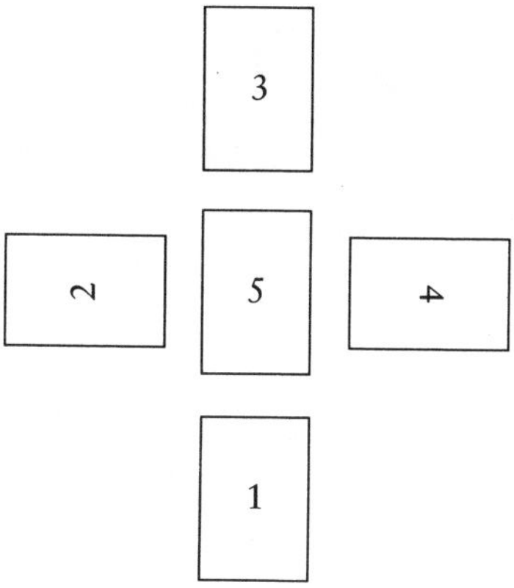

16. La salud

La salud integral

Es sorprendente ver como aun hoy algunas personas achacan sus problemas físicos a causas tales como maleficios, envidias o trabajos mágicos lanzados en su contra. Este tipo de personas acuden antes al cartomante que al médico y se marchan con disgusto si no se les reafirma en sus creencias. Como se indicó al principio de este curso, uno de los requisitos básicos para trabajar con el tarot es el sentido común. Así que antes de buscar causas esotéricas para tus males, deberías plantearte, entre otras, las siguientes preguntas:

¿Te alimentas correctamente? Es decir, tomando alimentos variados, sanos, huyendo de la comida basura y las dietas irracionales.

¿Haces algún tipo de ejercicio físico moderado? Por ejemplo, caminar, correr, realizar algún deporte suave, cuidar el jardín, subir y bajar las escaleras en vez de tomar siempre el ascensor, etc.

¿Consumes drogas o medicamentos innecesarios? No se trata sólo de evitar las drogas ilegales, sino también el alcohol y el tabaco. También hay que tener cuidado con la automedicación y el consumo inmoderado de tranquilizantes, estimulantes, etc.

¿Has sufrido algún tipo de shock emocional intenso en los últimos años del que no te has recuperado totalmente? Muchas de las enfermedades degenerativas tienen un origen traumático, pero también emociones más comunes como la ira o la envidia causan graves trastornos de salud.

Incluso si gozas de buena salud, siempre puedes hacer algo para estar aún mejor. Un pequeño esfuerzo puede producir grandes resultados. Las cartas del tarot son buenas aliadas en el diagnóstico de los problemas de salud. En muchas ocasiones descubrirás con ellas que la causa real de tal o cual desarreglo físico es un problema de tipo emocional. El mensaje del tarot, que es acorde al de la medicina integral, es que, solucionando los conflictos emocionales se pueden resolver muchos problemas físicos, y viceversa.

Los arcanos de la salud

La Templanza

La Templanza es el arcano de la salud por excelencia. En él descubrimos al Ángel de la curación que mezcla los elixires de la vida. Con un pie en tierra y otro en el agua, este Ángel es un alquimista que controla tanto la vía seca como la húmeda en la consecución de la gran obra. Este Ángel es un poderoso sanador que está a tu disposición en cualquier momento.

Para conectarse con el Ángel de la Templanza, busca un lugar tranquilo en el que puedas relajarte durante un rato sin molestias. Toma el arcano en tus manos y obsérvalo durante varios minutos. Procura memorizar cada detalle del diseño de la carta. Cierra los ojos e intenta verlo con la mayor exactitud. ¿Ves los lirios? ¿De qué color son? ¿Qué símbolo lleva el Ángel en el pecho? Debes ser capaz de ver todos estos detalles.

Una vez que hayas memorizado la carta con el mayor detalle posible, déjala a un lado, cierra los ojos, relaja tu cuerpo, y respira de manera profunda y pausada. Entra en un estado de relajación tan hondo como te sea posible y forma en tu mente la imagen del naipe. Observa como el marco de la carta se hace mayor a medida que te acercas a ella. En un momento determinado, traspasas el umbral y eres capaz de entrar dentro del naipe. El Ángel está frente a ti y te mira. En sus ojos hay paz, conocimiento y un amor incondicional.

Habla con el Ángel y agradécele su atención. Comienza por pedirle que te indique qué áreas de tu organismo están bloqueadas o necesitan curación. Escuchalé y toma nota mentalmente. Pídele a continuación un consejo que permita resolver esos problemas o bloqueos.

Pregúntale a dónde debes dirigirte para hallar curación. ¿Te recomienda algún tipo de terapia, alguna norma de conducta? Escucha con atención y procura memorizar su mensaje, pues hay un profundo sentido en cada palabra.

Prepárate ahora para un cambio de papeles. Imagina que te conviertes en el Ángel alquimista. Siente las alas que se agitan en tu espalda, la larga túnica que mueve el viento, tus pies, uno seco y otro húmedo. Observa que en tus manos hay dos copas. Una está llena, otra vacía, y viertes el líquido de una a otra.

Observa ese líquido y mira su color azul radiante. Este es un elixir curativo que puede aliviar tus enfermedades. Bébelo sin temor y observa cómo tu cuerpo empieza a vibrar con una luz dorada. Siente la felicidad y la plenitud que acompañan a la salud integral.

Afirma que deseas curarte con ayuda de ese elixir y con los consejos de tu Ángel sanador. Aléjate del Ángel no sin antes agradecerle su colaboración. Sal del marco de la carta y abre los ojos lentamente. Anota en tu cuaderno todo lo que has visto y sentido, así como las palabras del Ángel. ¿Cómo puedes aplicar sus enseñanzas a tu vida?

El Sol

El Sol es uno de los elementos más salutíferos de la naturaleza. Su poderosa energía, llena de vida, se derrama sobre la tierra alimentando a las plantas, los animales y los seres humanos. En el tarot, el arcano del Sol es una de las cartas más hermosas y vitalizantes. Si padeces por falta de energía, depresión o apatía, te invito a meditar con esta carta.

Sigue todas las indicaciones que se señalaron en el ejercicio anterior. Es decir, concéntrate en el diseño de la carta, relájate e imagina que te introduces dentro de ella. En este caso te acercarás a ese niño desnudo que ríe feliz bajo el Sol. Está montado sobre su caballo y hace ondear al viento una bandera escarlata.

Pregúntale al niño —o niña, como prefieras— las razones de su alegría. Pídele un consejo para despertar a tu niño interior, o la clave para recuperar tu felicidad perdida. Anota mentalmente sus consejos y ponte en su lugar. Imagina que eres un niño o niña alegre, montado a caballo, desnudo y despreocupado. Siente el poder vivificante del

Sol. Imagina una energía dorada y cálida que te inunda por completo y que restablece la paz interior y tu energía física. Piensa que cada vez que te sientas desanimado o sin fuerzas, podrás volver mentalmente a sentir esta energía que ahora acabas de conocer.

Disfruta de esta sensación durante unos minutos y, antes de marcharte, da las gracias tanto al Sol como al niño, por las lecciones y la energía que te han regalado. Abre los ojos lentamente y anota todas tus experiencias y los mensajes que hayas recibido.

Cuatro de Espadas

Este ejercicio es muy similar a los dos anteriores, sólo que en este caso, la carta con la que debes trabajar es el Cuatro de Espadas. Este ejercicio es muy recomendable para aquellas personas que padezcan de estrés o agotamiento físico o nervioso.

Cuando hayas realizado la relajación y la visualización del escenario de esta carta, acércate al caballero que está acostado y despiértale suavemente. Pídele disculpas por haber interrumpido su descanso y siéntate a su lado. Observa que es un caballero curtido en la batalla, que está vestido con su armadura. Su espada está al lado del lecho, porque sabe que en cualquier momento tendrá que volver a tomarla. El descanso de este caballero es temporal y él ha escogido esta antigua capilla para reposar.

Pregunta a este caballero cuáles son las causas de tu cansancio. Pídele que te explique por qué vives en un continuo estado de estrés y nerviosismo. ¿Qué puedes hacer para cambiar esos patrones de conducta? Escucha atentamente los consejos de este personaje y toma buena nota en tu mente.

A continuación toma su lugar y acuéstate sobre su lecho. Siente el silencio de la capilla y la tranquilidad que se respira en ella. Concéntrate en tu cuerpo para sentir su regeneración. El corazón latirá con lentitud, la respiración será pausada y los pensamientos transcurrirán en paz. Disfruta unos minutos de esta sensación y piensa que, cuando vuelvas a sentir el nerviosismo o el estrés, siempre podrás volver mentalmente a este momento de paz. Agradece de corazón al caballero todo lo que te ha enseñado. Abre tus ojos y anota todo lo que has aprendido en tu cuaderno del tarot.

Tirada de los chakras

Chakra es un término tomado del sánscrito (un antiguo idioma de la India) que significa, literalmente, "rueda". En los círculos esotéricos se llama chakra como cada uno de los siete centros energéticos que animan al organismo. Dichos centros energéticos están situados en línea con la columna vertebral y rigen diferentes órganos y funciones. Cuando la energía celeste y terrestre circula libremente a través de ellos, la persona goza de buena salud. Pero si alguno de los chakras sufre algún tipo de bloqueo, la salud se resiente, comenzando por el órgano y función a los que el chakra rige directamente y afectando luego al resto del organismo.

La Tirada de los chakras permite hacer un "diagnóstico" de nuestro estado de salud, y descubrir así los bloqueos que puedan existir, así como sus causas y posibles remedios. Para realizar esta tirada, mezcla las cartas y, cerrando los ojos, imagina tu cuerpo y sus siete centros de energía vibrando bajo una luz dorada. Extrae siete naipes que situarás formando una línea vertical desde abajo hacia arriba. Es decir, de manera que la primera carta esté situada junto a ti y la séptima en el extremo más alejado. Cada naipe de esta tirada simboliza uno de los siete chakras, desde el Basal hasta el Coronal. Su interpretación puede ser vista desde una perspectiva vital amplia o de una forma estrictamente física. Todo depende de cuáles sean tus intereses en cada momento.

La tabla en la página siguiente nos muestra el significado de cada posición:

	Chakra	Rige	Órganos
1	Raíz o Basal	Instinto de conservación, miedos básicos, eliminación del estrés o malas influencias	Órganos de Eliminación (riñones, intestinos)
2	Sacral o Sexual	Vida sexual, Sumisión, emociones animales	Aparato Reproductor
3	Umbilical	Experiencia de poder, energía, fuerza interior, energía, control del entorno	Aparato Digestivo
4	Cardiaco o Plexo Solar	Amor incondicional, emociones más puras	Aparato Circulatorio y Corazón
5	Garganta	Expresión, creación, hablar	Aparato Respiratorio
6	Entrecejo	Percepción de la realidad, información, aprendizaje	Órganos de los Sentidos
7	Coronal	Conciencia, espiritualidad, ideas, nivel evolutivo	Cerebro y Sistema Nervioso Central

Cuando realices esta tirada, probablemente encontrarás que algunos chakras padecen alteraciones importantes, indicadas por cartas difíciles o dolorosas. Si deseas un consejo sobre cómo mejorar tu salud en estos puntos conflictivos, simplemente mezcla el mazo de naipes y pide una solución. Extrae una carta y sitúala junto a la que corresponde al chakra bloqueado. Esta nueva carta será tu consejo de salud. Anótala en tu cuaderno y sigue dicho consejo.

Una nota final a este ejercicio. La Tirada de los Chakras no sustituye al diagnóstico y tratamiento de un médico. Si padeces una enfermedad, acude primero a un médico o naturópata. Esta tirada te puede ayudar a conocer los verdaderos orígenes de tu mal, y puede aportarte ideas alternativas para su curación, pero en ningún caso abandones un tratamiento médico. En cuestiones de salud, procura sumar antes que restar. Usa tu sentido común.

Mandala de la salud

La plena salud no es sólo una cuestión física. Los problemas emocionales y mentales pueden producir graves trastornos en nuestra vida. La plena salud proviene de un trabajo o conciencia integral que contenga a todas y cada una de las realidades en que vivimos.

Para simplificar, dividiremos esas realidades en cuatro: física (tu cuerpo), emocional (sentimientos, relaciones), mental (lógica e imaginación) y espiritual (creencias, fe).

En el presente ejercicio aprenderás a conocer y mejorar tu salud de manera integral. Vas a crear un mandala de la salud que puedes utilizar como guía en cualquier proceso curativo.

En primer lugar, debes plantearte las siguientes preguntas:

¿Cuál es el estado de salud de mi cuerpo físico? Haz una revisión general de los diversos sistemas: motriz, circulatorio, respiratorio, digestivo, nervioso, de eliminación, sexual, hormonal.

¿Cómo calificaría mi salud emocional? Piensa en tu grado de motivación, si padeces tristeza, desánimo, ira, desengaños, Rabia, etc.

¿Cómo me encuentro a nivel mental? Ten en cuenta que algunos signos de salud mental pueden ser: un pensamiento optimista, no padecer obsesiones, gozar de un buen equilibrio entre imaginación y lógica, etc.

¿Cómo se desarrolla mi vida espiritual? Cada persona tiene sus propias creencias o filosofía vital, pero dentro de estos límites, piensa en qué medida estas creencias te ayudan a vivir mejor y a fortalecer tu vínculo con las personas que te rodean.

Toma nota en tu cuaderno de estas preguntas y de las respuestas que se te ocurran. Deja espacio libre para anotaciones posteriores.

Una vez hayas meditado, sobre dichas preguntas, prepárate para construir el mandala de la salud. Para ello, extiende las 78 cartas del tarot boca arriba sobre la mesa. Sigue los siguientes pasos:

Extrae el arcano mayor número Catorce, La Templanza y sitúalo en la posición 1, según se indica en el esquema de la Figura 1. Este es el punto central, el símbolo de la plena salud a la que aspiras.

Busca una carta que refleje el estado físico al que deseas llegar. Sitúa este naipe en la posición 2.

Selecciona a continuación una carta que muestre el estado emocional que te gustaría alcanzar. Busca la carta más positiva y evocadora posible. Colócala en la posición 3.

Encuentra ahora una carta que evoque tus deseos de alcanzar una plena salud mental. Sitúa este naipe en el lugar número 4.

Por último, localiza una carta que ejemplifique tu situación espiritual tal y como desearías que fuese. Busca una carta muy positiva y colócala en la posición número 5.

Ya has formado el núcleo central de la mandala de la salud. Recoge todas las cartas restantes en un solo mazo y mézclalo. Mientras haces la mezcla, relájate y haz lo siguiente:

Pide un consejo u orientación para mejorar tu salud física. Extrae, sin mirar, una carta y sitúala en la posición 6.

Pide una orientación para favorecer tu salud emocional. Extrae otra carta que pondrás en la posición 7.

Para la posición 8 harás lo mismo pidiendo un consejo para tu salud mental.

Finaliza solicitando un consejo de tipo espiritual que se convertirá en el naipe que ocupe la posición 9.

El mandala de la salud está terminado. Toma nota de las cartas en tu cuaderno del tarot y detente unos minutos a observar el mandala. ¿Qué lecciones o consejos te aportan las cuatro cartas extraídas? Escribe tus impresiones en el cuaderno y hazte el propósito de cumplir dichos consejos.

Este mandala es una guía para la meditación cotidiana. Créalo cuando tengas un problema real de salud. Un último consejo sobre los mandalas: nunca utilices más de un mandala a la vez. Es decir, que si estás trabajando sobre la cuestión sentimental, no intentes también realizar el mandala de la salud. Usa uno primero y después el otro.

Figura 1

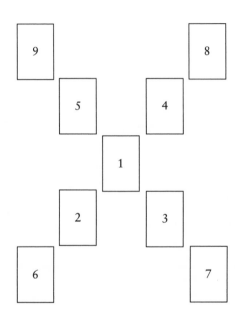

17. La creatividad

La carta de la creatividad

La Emperatriz

En el presente ejercicio vas a trabajar con una energía muy importante, probablemente la energía más importante de que dispone el ser humano: la creatividad. Para ello, te propongo meditar sobre el arcano más relacionado con las artes inventivas, este arcano es La Emperatriz. Para empezar, siéntate ante tu mesa de trabajo. Pon tu mazo de cartas sobre ella y relájate. Si te oprime alguna prenda de ropa, aflójala. Apoya los antebrazos en la mesa para poder relajar tus hombros y toma entre las manos el arcano mayor número Tres, La Emperatriz.

Observa con cuidado el diseño de la carta. ¿Ves a esta gran reina sentada en su trono? Mira los delicados cojines en que se apoya, el escudo que está a su lado. ¿Cuántas estrellas adornan su corona? ¿Qué fruta se dibuja en su manto? Observa el trigo en primer plano y los bosques, los ríos y las cascadas que están tras ella. Es sin duda la reina de la naturaleza. Y en su vientre, aunque quizá no se note, está creciendo la vida en forma de un hijo.

Debes grabar todos estos detalles en tu mente con la mayor exactitud. De este modo, cuando cierres los ojos, podrás verla en toda su plenitud. Hazlo y acércate a este personaje que te espera. Observa cómo respira y cómo te observa. El viento mueve sus rubios cabellos mientras sostiene su cetro dorado. Acércate a esta señora con humildad, pues ella es un ser realmente poderoso.

Pídele que te ayude en tus problemas creativos, que te dé un consejo para superar los bloqueos que puedes sentir, o que te conceda la inspiración que estás buscando. Ella te puede hablar sobre la creación y la fertilidad pues es la patrona de estas artes divinas. Toma buena nota mental de sus consejos y pídele un último favor. Solicita que te toque son su cetro dorado para que así, las virtudes creativas, pasen a ti.

Antes de despedirte de esta señora, dale las gracias de todo corazón pues es mucho lo que te ha dado. Aléjate de la carta y abre lentamente los ojos. Apunta inmediatamente todo lo que has visto y escuchado en tu viaje mental, y busca la manera de aplicarlo en tu trabajo creativo.

Mandala creativo

A continuación, vas a aprender a crear un mandala creativo que te ayudará en el proceso de liberarte de los bloqueos productivos que puedas estar sufriendo. Toma tu cuaderno del tarot y plantéate las siguientes preguntas:

¿Qué es lo que deseas crear? ¿Se trata de una obra literaria, pictórica, escultórica, musical o de otro tipo? ¿O quizá deseas conocer cuáles son tus talentos ocultos? Descríbela con el mayor detalle posible.

¿Cuáles creen que son las causas de tus bloqueos creativos? ¿Falta de tiempo, de inspiración, de dedicación? ¿Qué podrías hacer para solucionar dichos bloqueos?

¿De qué modo crees que tu obra contribuye, aunque sea en pequeña medida, a que tu vida sea un poco mejor? Si no es así, ¿crees que merece la pena seguir en este empeño? ¿Acaso los bloqueos o dificultades no provendrán del hecho de que no se trata de una obra positiva para ti y para los demás?

¿Qué esperas que suceda tras la creación de tu obra? ¿Esperas reconocimiento, premios, dinero? ¿O lo haces por un deseo de expresión o por la satisfacción interna?

Probablemente, responder a todas estas cuestiones te llevará un tiempo. Tras cada respuesta deja espacio para futuros añadidos. No es tan fácil aclarar todos los motivos de la esterilidad creativa.

El mandala creativo se muestra en la Figura 1. Para conformarlo, extiende todas las cartas del tarot boca arriba y haz lo siguiente:

Selecciona el arcano mayor número Tres, la Emperatriz. Sitúa esta carta, que será el centro de tus meditaciones, en la posición 1.

Encuentra un arcano que simbolice el método para resolver tus bloqueos creativos. Como siempre, puedes seleccionar varios y quedarte al final con el que te resulte más apropiado. Pon esta carta en la posición 2.

Busca una carta que simbolice tus objetivos creativos, es decir, el libro, el poema, la pintura, o lo que desees crear. Sitúa esta carta en la posición 3.

Una vez que hayas formado esta línea vertical, recoge los naipes en un solo mazo y dale la vuelta, de modo que queden boca abajo. Mezcla las cartas y haz lo siguiente:

Pide mentalmente un consejo de tipo material para resolver tus conflictos creativos. Extrae una carta sin mirar y sitúala en la posición 4 del esquema.

Pide un consejo de tipo espiritual para ser más creativo. Extrae de nuevo una carta y colócala en la posición 5.

Cuando hayas formado tu mandala creativo, analiza cada carta. ¿Qué consejos te dan las dos últimas? Anota en tu cuaderno las cartas y las ideas que te sugieren.

Debes trabajar con este mandala como has hecho con todos los que se han mostrado en las lecciones anteriores. Medita sobre él, obsérvalo y crea afirmaciones positivas. Procura dedicarle unos minutos diarios para que tus bloqueos creativos se disuelvan poco a poco.

Figura 1

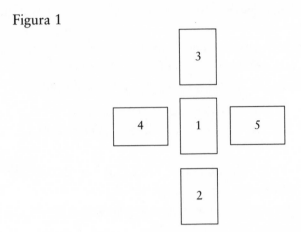

Crea tus propias tiradas y mandalas

Uno de los pasos más importantes que desearás dar cuando hayas alcanzado cierta maestría en el uso del tarot es diseñar tiradas y mandalas que reflejen tus ideas o necesidades de cada momento. Ciertamente, una tirada se enriquece con el uso. La Cruz Celta se ha venido usando desde hace muchos años por miles de personas. Esto otorga un gran poder a sus vaticinios.

Pero eso no impide que tú crees tus propias tiradas. Si no hay creación, no hay renovación, y las viejas ideas tienden a estancarse. Diseñar tus tiradas es una forma de dar nueva vida al tarot y de alcanzar una mayor sintonía con las cartas y su mundo. A continuación enumero algunas ideas para la creación de nuevas tiradas:

> Toma una tirada tradicional y añádele cartas. Puedes añadir un arcano por cada posición, con el fin de aclarar y profundizar en el significado. Otra opción puede ser añadir una o dos cartas en posiciónes dudosas o de difícil interpretación.

> Comienza con una tirada tradicional y prueba a cambiar las cartas de posición. Por ejemplo, convierte una línea de cuatro cartas en una cruz, o un círculo en un cuadrado. ¿Qué te sugieren estas nuevas posiciones?

Gira las cartas del círculo de la Cruz Celta. De este modo, la número 3 pasa a ser la 4, ésta la 5 y así sucesivamente. ¿Qué sucede cuando los deseos inconscientes pasan a ser el pasado o los deseos conscientes el futuro?

Diseña tus tiradas con criterios numerológicos. Por ejemplo, cuatro cartas indican cuestiones centradas en la estabilidad y la materia, seis cartas pueden servir para las preguntas amorosas, etc.

Crea la tirada de acuerdo a tu pregunta. Es decir, analiza todos los posibles enfoques, caminos o soluciones de un problema concreto y extrae una o varias cartas para cada uno de ellos.

Usa cualquier estructura o esquema de las diversas tradiciones o escuelas metafísicas, psicológicas, filosóficas o religiosas. Por ejemplo, crea tiradas basadas en los Chakras, en los diversos cuerpos sutiles, en al árbol de la vida kabalístico, en las teorías freudianas o junguianas, en los ocho trigramas del I–Ching, en la rueda del zodiaco, etc. También puedes emplear elementos más cercanos a tu vida cotidiana, como el mapa de un país, o el plano de tu casa o tu árbol genealógico. Usa tu imaginación, las posibilidades son infinitas.

Busca un tema: dinero, relaciones, autoestima, salud, etc. Examina los elementos principales de ese tema y diseña una tirada que cubra cada uno de los elementos.

Usa elementos simbólicos en el diseño de tu tirada: círculos, cuadrados, triángulos, cruces, flechas, estrellas, etc.

Usa toda tu creatividad e imaginación. Haz que tus tiradas se conviertan en parte de tu mundo y de tu mapa vital. Acepta los cambios y modificaciones que te inspire el paso del tiempo y las nuevas ideas o situaciones que surjan en tu vida.

Todo lo anterior sirve también para la creación de mandalas de meditación. Simplemente, ten en cuenta que un mandala precisa de la participación activa de su creador. En vez de extraer las cartas sin mirarlas, como se hace en una tirada, en un mandala hay que buscar cartas que diseñen el futuro deseado. El mandala es algo que se construye y que requiere un esfuerzo de conciencia mucho mayor.

Anímate a crear tus propias tiradas y mandalas.

Crea tu propio tarot

En este curso hemos trabajado con la baraja Rider-Waite, pero existen muchos otros modelos en el mercado. Seguramente, antes o después, sentirás el deseo de trabajar con uno o varios de estos tarots, lo que enriquecerá mucho tu visión del mundo de la baraja.

En este apartado, te propongo ir un poco más allá. Tú puedes crear tu propia baraja del tarot, siendo ésta una manera excelente para que expreses tus propias ideas y sentimientos hacia las cartas.

En algunos establecimientos especializados puedes encontrar mazos de cartas en blanco que te servirán para crear tu propio tarot. A continuación te sugiero una serie de ideas para crear tu propio tarot. Puedes seguir una de ellas o combinar varias:

> Dibuja o pinta tus propias cartas. Emplea el medio que te resulte más apropiado: acuarelas, rotuladores, témperas, etc. Quizá pienses que no tienes talento pictórico, pero no se pierde nada con intentarlo.

> Haz un collage. Recorta fotografías de revistas, fotos familiares o de amigos y pégalos en tus cartas. Puedes crear tu collage en folios y luego fotocopiarlo, reduciéndolo al tamaño de los naipes.

> Una variante del método anterior consiste en hacer un collage por ordenador. Si dispones de equipo informático que incluya un escáner e impresora en color, puedes crear con facilidad tu propia baraja del tarot. Selecciona imágenes de revistas, libros, etc. y conviértelos en imágenes digitales que luego podrás unir y modificar mediante alguna aplicación al efecto. Este es un método muy satisfactorio, aunque requiere algo de tiempo.

Crea un mazo de cartas fotográfico. Si te gusta la fotografía, puedes construir poco a poco un archivo de imágenes que conformen tu nuevo tarot. Un ejemplo de este tipo de trabajo es el llamado *Mountain Dream Tarot*, creado tras un trabajo de cuatro años por la fotógrafa Bea Nettles.

Colorea o repinta una baraja ya existente. Puedes añadir colores más brillantes a tus cartas Rider-Waite o a cualquier otro tarot, así como pintar nuevos detalles en los naipes. También puedes adquirir el denominado Tarot B.O.T.A., que carece de coloración y ha sido creado específicamente para este fin. Deja que los colores expresen tus sensaciones hacia cada naipe.

Construye un mazo de cartas a partir de tus arcanos favoritos de diversos tarots. Debido a la diversidad de tamaños, fotocopialas a color, al mismo tamaño y pegalas en una carta en blanco.

Crea un mazo de cartas sin ilustraciones. En cada naipe puedes escribir un poema o frase alegórica, además de su nombre y número.

La creatividad —conclusión—

En contra de lo que muchos pueden pensar, el desarrollo de la creatividad no es un tema elitista o innecesario. La capacidad de generar, de crear, es uno de los dones que está presente en todos nosotros. Es una herramienta poderosa que la naturaleza nos ha ofrecido gratuitamente y que, quizá por eso, no valoramos de manera adecuada.

Poco importa la forma final que tome nuestro impulso creativo. Lo verdaderamente importante es conocer dicho talento, valorarlo y desarrollarlo. Cada uno de nosotros posee dones diferentes y nadie es completamente estéril aunque así lo crea. Cuando se ignoran estas capacidades o, al contrario, cuando se ponen al servicio del orgullo o la codicia, estamos cometiendo un grave error.

Muchas personas han bloqueado sus facultades creativas simplemente porque piensan que sólo merece la pena intentarlo para alcanzar el éxito y así, su temor al fracaso, les vence. Pero crear es una tarea digna en sí misma. No debe ser nunca una meta, sino un camino que merezca la pena caminarse por sí mismo, por su belleza. Quiero que entiendas, amigo lector, que la creatividad es también algo que está más allá de todo esto. —La creación es una metáfora—.

El trabajo creativo nos hace crecer, nos devuelve nuestra humanidad. En cada giro de la vida podemos usar estas capacidades para dar forma a todo aquello que deseamos. La creatividad no es sólo un trabajo de pintores, escritores o músicos. Crear es dar forma material a nuestras ilusiones.

El mensaje final del tarot y de este curso, es que no importa lo que haya sucedido en el pasado. No importan los errores o los fracasos. Lo que importa es que existe el presente y él es la semilla del futuro. El mensaje de las cartas para ti es que tú puedes dar nueva forma a tu vida. Las cartas son una herramienta, una más entre muchas. Si éste es tu camino, síguelo con pasión, pues conduce muy lejos. Este camino te llevará al rincón más mágico del universo: —tu propio corazón—.

IV.

Apéndices

1. Apéndice

Palabras claves

Los Palos del Tarot

	Bastos	Copas	Espadas	Oros
Positivo	Enérgico Audaz Creativo Magnético Optimista	Afectivo Calmado Espiritual Compasivo Sensible	Analítico Astuto Honesto Racional Sincero	Fiable Concreto Competente Organizado Tenaz
Negativo	Agresivo Impulsivo Presuntuoso Confiado Irresponsable	Fantasioso Frágil Hipersensitivo Impresionable Perezoso	Arrogante Frío Distante Dogmático Crítico	Convencional Materialista Inflexible Calculador Perfeccionista

Los arcanos mayores

Arcano Mayor	Significados
0. El Loco	Comienzos – Espontaneidad – Fe Ciega – Aparente Locura
1. El Mago	Acción – Conciencia – Concentración – Poder
2. La Sacerdotisa	Inacción – Misterio – Potencial Interior – Análisis del Inconsciente
3. La Emperatriz	Maternidad – Abundancia – Sentidos – Naturaleza
4. El Emperador	Paternidad – Estructuras – Autoridad – Orden
5. El Sumo Sacerdote	Educación – Creencias – Conformidad – Identificación con el grupo
6. Los Enamorados	Valores – Creencias personales – Relaciones – Sexualidad
7. El Carro	Victoria – Control Firme – Autoafirmación – Deseos
8. La Fuerza	Fuerza – Paciencia – Control Suave – Compasión
9. El Ermitaño	Introspección – Soledad – Guía – Búsqueda
10. La Rueda de la Fortuna	Destino – Movimiento – Cambio – Visión personal
11. La Justicia	Justicia – Responsabilidad – Decisión – Causa y efecto
12. El Colgado	Sacrificio – Parada – Reverso – Dejar marchar
13. La Muerte	Final – Transición – Eliminación – Fuerzas inexorables
14. La Templanza	Templanza – Equilibrio – Salud – Cooperación
15. El Diablo	Ataduras – Materialismo – Ignorancia – Pérdida de la fe
16. La Torre	Cambio súbito – Pérdida – Caída – Revelación
17. La Estrella	Esperanza – Inspiración – Generosidad – Serenidad
18. La Luna	Miedo – Ilusión – Imaginación – Desconcierto
19. El Sol	Iluminación - Grandeza - Vitalidad - Seguridad
20. El Juicio	Juicio – Renacimiento – Llamada interior – Absolución
21. El Mundo	Integración – Cumplimiento – Compromiso – Realización final

Los arcanos menores

	Bastos	Copas	Espadas	Oros
As	Confianza Fuerza Entusiasmo Creatividad	Amor Emociones Intuición Intimidad	Verdad Justicia Fuerza mental Valor	Prosperidad Confianza Materia Felicidad
2	Poder personal Originalidad Riqueza	Atracción Unión Encuentro	Paralización Ceguera Emociones bloqueadas	Diversión Flexibilidad Despilfarro
3	Liderazgo Visión de futuro Viaje planificado	Amistad Comunidad Festividad	Traición Soledad Corazón roto	Planificación Eficacia Trabajo en equipo
4	Celebración Excitación Libertad	Apatía Introspección Timidez	Descanso Meditación Recuperación	Control Posesión Cambio bloqueado
5	Discordia Competición Molestias	Pérdidas Rupturas Remordimientos	Discordia Deshonor Egocentrismo	Enfermedad Abandono Dificultad
6	Orgullo Éxito Aplauso	Inocencia Juego Buenos sentimientos	Exilio Viaje Recuperación	Gratificación Recursos Reparto equitativo
7	Defensa Agresión Batalla	Pereza Fantasías Libertad de elección	Soledad Deshonor oculto Huida	Recompensa Reflexión Cambio de dirección
8	Noticias Acción Rápida Conclusión	Aburrimiento Viaje Introspección	Confusión Prisión Pérdida de energías	Sabiduría Trabajo Detallismo
9	Defensa Recuperación Perseverancia	Placeres Satisfacción Deseo cumplido	Preocupación Culpa Angustia	Posesiones Autoconfianza Refinamiento
10	Exceso Lucha Limitaciones	Alegría Familia Paz	Victimismo Martirio Desolación	Abundancia Convenciones Permanencia
Sota	Valentía Creatividad Entusiasmo Confianza	Amor Intimidad Intuición Emotividad	Justicia Fortaleza Acción Veracidad	Práctico Fiable Próspero Activo
Caballero	Encanto Autoconfianza Aventura Pasión	Imaginación Romanticismo Sensibilidad Introversión	Lógico Valiente Autoritario Crítico	Realista Testarudo Precavido Trabajador
Reina	Atractivo Energía Todo corazón Alegría	Amor Ternura Intuición Espiritualidad	Honestidad Ingenio Experiencia Franqueza	Nutriente Gran corazón Fiable Terrenal
Rey	Carisma Creatividad Poder Inspiración	Sabiduría Diplomacia Tolerancia Calma	Intelectual Justo Ético Analítico	Apoyo Confianza Emprendedor Práctico

2. Apéndice

Traducción de los nombres de los arcanos

Existen en el mercado muchos mazos de cartas de importación que traen sus nombres en diversos idiomas. Estas cartas son perfectamente aceptables, pero quizá tengas dudas sobre el significado de algunos nombres, en ese caso puedes consultar las tablas siguientes.

Palos del arcano menor

Castellano	Inglés	Francés	Italiano	Alemán
Bastos	Wands, Staves, Scepters, Clubs, Batons	Bâtons	Bastoni	Stäbe
Copas	Cups, Chalices, Goblets	Coupes	Coppe	Kelche
Espadas	Swords	Épées	Spade	Schwerter
Oros, Monedas, Pentáculos	Coins, Pentacles, Money, Circles	Deniers	Denari	Münzen

Arcanos mayores

	Castellano	Inglés	Francés	Italiano	Alemán
0.	El Loco	The Fool	Le Mat, Le Fou, Le Fol	Il Folle, Il Pazzo, Il Matto	Der Narr
1.	El Mago	The Magician, The Juggler	Le Bateleur, Le Mage	Il Bagatto, Il Bagattel, Il Mago	Der Magier, Der Gaukler
2.	La Sacerdotisa	The Poppes, Juno, High Priestess	La Papesse, Junon	La Papessa	Die Papstin, Die Höhepriesterin
3.	La Emperatriz	The Empress, The Queen	L'Impératrice	L'Imperatrice	Die Herrscherin, Die Kaiserin, Die Königin
4.	El Emperador	The Empereror, The King	L'Empereur	L'Imperadore, L'Imperatore	Der Herrscher, Der Kaiser, Der König
5.	El Papa, El Sumo Sacerdote	The Pope, Jupiter, The Hierophant	Le Pape, Jupiter, Bacus	Il Papa	Der Papst, Der Höhepriester
6.	Los Enamorados	The Lovers	L'Amoureux	L'Amore, Gli Amanti	Die Liebenden
7.	El Carro	The Chariot	Le Chariot	Il Carro	Der Wagen Der Triumphwagen
8.	La Fuerza	Strengh, Force	La Force	La Fortezza, La Forza	Die Kraft
9.	El Ermitaño	The Hermit	L'Ermite	L'Ermita, Il Gobbo	Der Einsiedler, Der Eremit, Der Weise
10.	La Rueda de la Fortuna	The Wheel of Fortune	La Roue de Fortune	La Ruota, Rota di Fortuna	Das Rad des Lebens
11.	La Justicia	Justice	La Justice	La Giustizia	Gerechtigkeit
12.	El Colgado	Hanged Man	Le Pendu	Il Penduto, Il Traditore, L'Impiccato	Der Erhängte
13.	La Muerte	Death	La Mort	Il Morte, La Morte	Der Tod
14.	La Templanza	Temperance	La Tempérance	La Temperanza	Der Ausgleich
15.	El Diablo	The Devil	Le Diable	Il Diavolo	Der Teufel
16.	La Torre	The Tower, The House of God	La Tour, La Mison de Dieu	La Torre, La Casa del Diavolo	Der Turm
17.	La Estrella	The Star	L'Étoile	La Stella, Le Stelle	Der Stern
18.	La Luna	The Moon	La Lune	La Luna	Der Mond
19.	El Sol	The Sun	Le Soleil	Il Sole	Die Sonne
20.	El Juicio	Judgment, Last Judgment	Le Jugement	L'Angelo, Il Giudizio	Das Gericht
21.	El Mundo	The World, The Universe	Le Monde	Il Mondo	Die Welt

Arcano menor

Castellano	Inglés	Francés	Italiano	Alemán
As	Ace	As	Asse	As
Dos	Two	Deux	Due	Zwei
Tres	Three	Trois	Tre	Drei
Cuatro	Four	Quatre	Quattro	Vier
Cinco	Five	Cinq	Cinque	Fünf
Seis	Six	Six	Sei	Sechs
Siete	Seven	Sept	Sette	Sieben
Ocho	Eight	Huit	Otto	Acht
Nueve	Nine	Neuf	Nove	Neun
Diez	Ten	Dix	Dieci	Zehn
Sota	Page, Knave	Valet	Fante	Jüngling, Bube
Caballero Caballo,	Knight, Horseman	Cavalier	Cavaliere, Cavallo	Ritter
Reina	Queen	Reine	Dama, Regina	Dame, Königin
Rey	King	Roi	Re	König

3. Apéndice

El viaje del Loco

¿Quién es este personaje que se acerca al abismo? ¿Es que no teme caer en él? ¿No es acaso éste un demente, un niño feliz que ha nacido a la vida? Ignorante del riesgo, avanza feliz, tarareando una cancioncilla hacia el mismo borde donde otros, más valientes, no osarían poner el pie.

Es *El Loco* quien inicia el camino por la vida, y en su viaje, con su hatillo a la espalda, con su perro juguetón, el niño bufón nos mostrará los mil caminos de la existencia. Cuando viene al mundo, nuestro Loco descubre la dualidad que todo lo impregna. Los extremos opuestos de lo masculino y lo femenino, que representan *El Mago* y *La Sacerdotisa*, están presentes en todos y cada uno de los actos de nuestra vida. En la naturaleza están el día y la noche, el macho y la hembra entre los animales, lo seco y lo húmedo, lo caliente y lo frío. Pero en la naturaleza humana también hay espacio para lo externo y lo interno, la parte creadora y la conservadora. El Loco pasa entre ambos y aprende que el equilibrio está justo en el término medio. Porque sabe que también dentro de él, viven un hombre y una mujer.

Así, cuando un niño nace, como le sucede a nuestro Loco inocente, su primera vivencia es la relación con la madre. *La Emperatriz* representa a la madre arquetípica. Ella es la reina de las cosechas y rige la fertilidad de la tierra. Porque ella, como cualquier madre, sabe el valor infinito de la vida y es todo amor. Pero después de la madre, *El Emperador* viene a demostrar que hay un principio masculino que es necesario para toda creación. En su trono rocoso, el Emperador es un padre severo pero justo, que enseña las normas morales y aplica las recompensas y los castigos.

Pero la educación no es algo que sólo se da en el núcleo familiar. Cuando llega la edad, nuestro Loco debe visitar al *Sumo Sacerdote* que representa la educación formal y las normas que toda sociedad impone a sus hijos. No es que al Loco le influyan mucho estas normas, y por eso, abandona pronto al Sacerdote para vivir nuevas aventuras. Por eso se adentra en el Jardín del Edén con la misma alegría con que antes enfrentó los acantilados de su nacimiento. Ante la pareja arquetípica, Adán y Eva, nuestro Loco aprende los secretos de *Los Enamorados*. Sabe que el mundo está habitado por personas de diferentes sexos y que la atracción entre ambos es la base de todo lo que existe.

En el amor está la semilla de la esclavitud, pero también de la libertad de elección. Así que el amor humano es esclavo, pero el amor divino es libre. Sin esa libertad que le da alas, el Loco no podría acercarse a este nuevo personaje que se acerca por el camino. Es el conductor de *El Carro*, quien detiene un instante a sus esfinges portadoras para dirigirse a nuestro amigo. De su boca escucha el relato de mil batallas y otras tantas victorias. El príncipe que regresa está buscando honores y el reconocimiento de los suyos. Por él conoce el Loco, que en la vida hay batallas y que es bueno vencerlas si la intención es noble.

Pero no hay batalla más desigual que la que sostiene la dama de *La Fuerza* en pugna con el fiero león. Con gusto le ayudaría nuestro Loco a rematar su empeño de vender a la fiera, pero la doncella se basta y se sobra para dicha faena. ¿Qué misterio hay en este naipe? El Loco piensa que no siempre ha de vencer la fuerza de la espada y que quizá la fuerza de la virtud sea tan poderosa como ella. ¿No es acaso esta virgen un ejemplo viviente de ese poder?

Maravillado ante tanta fuerza de voluntad, el Loco ve anochecer y sigue su camino tanteando entre las tinieblas. Pero a lo lejos, una luz se acerca a él. Un anciano, *El Ermitaño* es el portador de esa luz. El Loco se acerca gozosamente a él, y juntos recorren un trecho del camino. El ermitaño le cuenta cómo se disipa toda la oscuridad con un solo punto de luz y cómo el interior del hombre es un misterio para el propio hombre. Pero ¿hay luz dentro de mí, o sólo tinieblas? Piensa el Loco. Y el viejo, sin saber que está leyendo su pensamiento, contesta: "sólo en ti está la luz con la que se podrá iluminar tu camino, en nadie más".

Lleno de felicidad, el Loco ve amanecer un nuevo día y ante él surge una rueda prodigiosa en el cielo coronada por seres sobrenaturales. Es la *Rueda de la Fortuna* y ante ella el medita sobre el karma y el destino, sobre los actos pasados y sus consecuencias futuras. En la rueda que gira, quien hoy está abajo, mañana estará arriba. Pero *La Justicia*, que es una dama severa, abate su espada sobre el Loco. Su vida, que ha estado regida por la búsqueda de la verdad, necesita efectuar algunos aprendizajes muy dolorosos, pero necesarios.

La primera prueba a la cual es sometido es la de convertirse en *El Colgado*. Tendido boca abajo, El Loco debe descubrir otra forma de ver la realidad y aprender el significado del sacrificio. En la segunda prueba, nuestro amigo debe enfrentar la experiencia más dura, *La Muerte*. Viendo la desolación que deja a su paso, el Loco se entristece, pues ella no tiene compasión de nadie. Ante la muerte aprende que el cambio es inevitable, y que todo lo que se inicia debe terminar para poder nacer a una vida nueva.

Un rayo de esperanza y fe viene de la mano de *La Templanza*. El ángel que cura las heridas del alma y las del cuerpo. Siendo templado, el Loco aprende a superar con una sonrisa las pruebas más duras y se apresta a conocer a un enemigo temible. Todos tiemblan ante la presencia de *El Diablo*. Este personaje, siendo como es un gran tentador, ofrece a nuestro amigo la posibilidad de atarse a él. Prometiendo riquezas y poder, intenta atrapar al Loco y de hecho, lo logra. Pero pronto tiene el Loco la oportunidad de conocer la verdadera naturaleza de los logros materialistas. Cuando cae el rayo del destino, *La Torre* sobre la que se ha alzado en su soberbia, se desmorona, lanzándolo al vacío. Nuestro Loco, magullado y confuso, llega a los pies de esta dama desnuda y hermosa que vierte agua de dos cántaros. Es *La Estrella*, quien le enseña el valor de la fe y la necesidad de la paz interior. "Cuando estás bien contigo mismo, dice ella, no tienes necesidad de acumular poder ni dinero. Eso son sólo espejismos para quien no ha crecido espiritualmente". Más calmado y tranquilo, el Loco ve brillar en el cielo a una señora plateada. Ella es *La Luna*, quien le enseña el gran poder que tienen los sueños. Pero es fácil perderse en las ilusiones y el Loco debe entregar una parte de su vida a descubrir que está dormido y que debe despertar.

Así pues, es bajo *El Sol* cuando el Loco aprende a disfrutar de la felicidad y plenitud de la vida. Como un niño pequeño, el Loco se desnuda de todas las convenciones y monta a caballo sobre la vida y sus maravillas. Nunca ha sido el Loco más feliz que en este momento y disfruta de cada momento como si fuera el último.

Es el sonido de una trompeta quien despierta al Loco de sus juegos y desnudo, debe correr al encuentro del *Juicio Final*. Él está entre los despiertos, pues aunque su camino ha estado lleno de peripecias, su deseo de avanzar a pesar de todo, le hace digno de estar entre los salvados. Siente así el Loco que toda su vida ha sido un preparativo para este momento en que recibe la llamada de la vocación. Tras este instante, la plenitud de *El Mundo* le está esperando.

Al final del camino, El Loco está exhausto y se sienta sobre una piedra. A su lado, su perro descansa. El tiene la mente confusa ante tantas ideas y tantas experiencias. Pero quizás no, quizás no esté tan confuso, quizás hay una claridad que emana de este camino recorrido y que poco a poco se adueña de su mente. El Loco nos mira y sonríe. Por primera vez, en calma, nos detenemos a mirar su rostro con detenimiento. Efectivamente, es nuestro rostro el que vemos reflejado en él. Este camino no sólo es suyo, es también nuestro.

¿Qué estás esperando para recorrerlo de nuevo?

4. Apéndice

Ejemplos de lecturas reales

En este Apéndice voy a mostrar y analizar cinco casos reales atendidos por mí. En todos los casos efectué una tirada por el método de la Cruz Celta, tal como se explica en el capítulo 9. Al leer cada caso, es conveniente que busques en tu mazo del tarot las cartas indicadas y las sitúes cada una en su lugar, formando la tirada. Esto te permitirá ver las cartas exactamente como yo las vi en su momento y comprender cómo llegué a la interpretación.

Caso 1

Una mujer, a la que llamaremos Violeta, consulta, de manera genérica sobre su futuro sentimental. Aclara que no ha encontrado aún el amor verdadero y desea conocer las razones por las que su vida se ha desarrollado así. Las cartas que surgen en esta tirada son:

1: La Muerte R[1]
2: Ocho de Espadas
3: Diez de Bastos
4: El Diablo R
5: La Torre R
6: Diez de Copas R
7: La Estrella
8: Siete de Oros
9: El Emperador R
10: Reina de Bastos R

---

1. La letra R es una abreviatura de "reverso" o "carta invertida".

A primera vista, esta es una tirada que asustaría a cualquiera. No en vano surgen en ella las tres cartas más temidas del arcano mayor: la Muerte, el Diablo y la Torre, así como el Ocho de Espadas. En realidad, y como veremos a continuación, es una tirada que admite una lectura muy positiva. En primer lugar, llama la atención la posición central de La Muerte invertida. Esta es una carta de transformaciones, de cambios que son inevitables. Hasta ahora, Violeta ha llevado un cierto tipo de vida, de relaciones, y ha llegado el momento de cambiar. Es evidente que esas relaciones del pasado (El Diablo en la cuarta posición) han supuesto una especie de atadura emocional que le ha impedido evolucionar o conocer a nuevas personas, lo que ella me confirmó con posterioridad.

Si observamos la distribución de las cartas, vemos que hay un claro predominio de arcanos mayores —nada menos que cinco—, mientras que los menores se hallan distribuidos de manera uniforme entre los cuatro palos. La gran presencia de arcanos mayores señala sin lugar a dudas que la cuestión sentimental es, en este momento, muy importante para Violeta. Toda su vida futura depende de una resolución de este conflicto, así que la primera recomendación que le hice fue romper definitivamente con esas relaciones pasadas que no le causaban sino dolor. La carta número dos representa, como hemos visto, el factor de cambio o de negación. En este caso, si la carta uno nos indicaba la necesidad de un cambio radical, la situada en la posición dos (Ocho de Espadas) nos señala qué sucederá si Violeta se niega al cambio. Atada, con los ojos vendados y rodeada de una cerca de espadas, la mujer del naipe esta a la merced de quienes quieran dañarla. Evidentemente, Violeta tiene dos opciones, cambiar su actitud, renovar sus relaciones, o quedar indefensa ante quienes le están haciendo daño.

En la base (posición tres) tenemos el Diez de Bastos, mientras que en la parte superior (posición cinco) está la Torre invertida. Como indica la carta de Bastos, Violeta acude a la consulta porque se encuentra perdida. Tiene una gran carga sobre sí y no es capaz de ver más allá de lo inmediato. Por lo tanto, es necesario darle esperanzas de futuro y aclararle sus dudas. Ella, como veremos más adelante, tiene fuerzas suficientes para avanzar, sólo necesita que se le oriente. La Torre señala, en este caso, los temores de la consultante.

Los deseos del ego, en esta posición, no son siempre positivos. En muchas ocasiones, la tristeza, la pérdida de orientación conducen al desastre. Es una consecuencia de la carta tres y debemos evitarla. En la sexta posición corresponde al Diez de Copas invertida. Esta carta indica una influencia que se acerca o el futuro inmediato. Como se observa en el naipe, el Diez de Copas representa a la familia. En el momento de realizar esta consulta yo no sabía nada de su familia. Pero después de mucho diálogo, Violeta y yo comenzamos a descubrir cómo los problemas de su familia paterna habían influido en su vida y en sus relaciones sentimentales. Las cartas de la parte derecha de la Cruz aportan mayor luz y esperanza. La posición siete corresponde a la Estrella, que representa a la consultante. Como se ha dicho, Violeta es una mujer dotada de gran energía, que puede encontrar dentro de sí misma la sanación a su dolor. Esta carta señala que ella será capaz de alcanzar la luz, que tiene un gran potencial positivo dentro de sí. También indica nuevas ideas que llegarán a su vida y nuevas esperanzas.

La carta ocho (Siete de Oros) puede tener dos significados. Por una parte puede representar esas relaciones del pasado que aún la atormentan. Alguien siente que ella es de su propiedad y cree que siempre estará esperándole. Pero también puede significar la propia mirada de Violeta hacia el mundo, como algo que está ahí pero que no se atreve a tomar. La carta nueve (El Emperador invertido) representa el deseo profundo de encontrar un nuevo tipo de relaciones sentimentales, posiblemente, la necesidad de encontrar a un hombre con una cierta madurez y estabilidad interior. Por último, la carta final es una esperanzadora Reina de Bastos. De nuevo es necesario armarse de coraje, ser una mujer fuerte y decidida que sale en busca de la vida, como hace esta reina. Su posición invertida indica que Violeta deberá luchar para poder aprovecharse de esta energía, pero que esa posibilidad está ahí. Sólo hay que animarla a que la encuentre. Un comentario final a este caso: Toda tirada admite una lectura positiva o negativa. Nuestra tarea como intérpretes es buscar siempre aquello que pueda ayudar al consultante a superar sus dificultades. Nunca debemos hundirle en negros presagios, porque todos podemos cambiar el curso de nuestra vida y aprovechar las circunstancias, por difíciles que sean, en beneficio propio. El tarotista no es un "adivino del futuro", sino alguien que utiliza su conocimiento para ayudar a sus semejantes.

Caso 2

Un hombre soltero de mediana edad, al que llamaremos Juan, ha conocido a una mujer más joven, a la que llamaremos Ana. Se siente atraído por ella y, por cuestiones laborales, tiene la oportunidad de verla a diario, aunque nunca han entablado una conversación. Él tiene razones para creer que el interés es mutuo, aunque en cualquier caso, tampoco tiene una idea definida sobre qué tipo de relación puede darse entre ambos, caso de iniciarse alguna. Una vez aclarada la cuestión, decidimos formular la siguiente pregunta a las cartas: *¿Qué posibilidades hay de que se desarrolle una relación con Ana?*

Se efectúa una tirada por el método de la Cruz Celta y salen las siguientes cartas:

1: Ocho de Oros R

2: Seis de Bastos

3: Los Enamorados R

4: As de Bastos R

5: Cinco de Oros

6: La Rueda de la Fortuna

7: Tres de Espadas

8: Seis de Copas R

9: Sota de Espadas R

10: Diez de Bastos

La cruz central de esta tirada está formada por dos cartas muy dispares. El Ocho de Oros nos indica la necesidad de trabajo, de actuar con paciencia y de forma tenaz. Pero el Seis de Bastos implica el deseo o la necesidad de un triunfo inmediato. En cierto modo, es como si el consultante esperara desarrollar una relación fácil y fructífera desde el primer momento. La causa de este deseo la encontramos en la carta número siete, el Tres de Espadas, que señala que Juan ha sufrido algún fuerte desengaño sentimental que le hace desear encontrar rápidamente una nueva pareja. Él así lo confirma. Pero la carta número ocho, el Seis de Copas invertida, señala que, pese a su juventud, Ana no es una mujer inocente a la que se puede conquistar con la facilidad que el Seis de Bastos parece desear.

En el fondo de la conciencia (carta tres) está el arcano de los Enamorados. Su posición invertida parece señalar que la idea que tiene Juan del amor es un tanto errónea o precipitada. No se puede tapar un agujero emocional (Cinco de Oros en la posición cinco) con una precipitada unión a otra persona. De nuevo, la carta que señala el pasado (As de Bastos invertida) indica el fin de una pasión, pero el futuro (La Rueda de la Fortuna) está sujeto a cambios. La idea que subyace aquí, es que, si el destino acerca a estas dos personas en un plazo corto, no es apropiado para ellas iniciar una relación. La Sota de Espadas en la novena posición, invertida, señala claramente que él no está lo suficientemente despierto como para aprovechar esta relación o para dar a Ana lo que ella realmente necesita. Él está demasiado afectado por los problemas del pasado y no es capaz de amarla realmente como ella es (Diez de Bastos), sino como una especie de remedio de los males pasados. Como nota final hay que señalar que, pese a lo dicho, Juan siguió deseando un acercamiento entre ambos, aunque confesó que temía hacerle daño a Ana. Este acercamiento nunca se produjo.

Caso 3

En esta ocasión, una mujer madura, que bautizaré como Teresa, pregunta sobre su salud. Padece una grave enfermedad degenerativa y está angustiada sobre su futuro y el de su esposo, si él se queda solo. En este caso la pregunta es: *¿Cómo evolucionará la enfermedad de Teresa?*

Las cartas que se muestran son:

1: Caballo de Bastos R

2: Ocho de Espadas

3: El Juicio R

4: El Carro R

5: Cinco de Espadas R

6: Nueve de Oros

7: Nueve de Espadas

8: Cuatro de Bastos

9: Seis de Copas

10: La Sacerdotisa R

Las preguntas sobre salud siempre son especialmente complicadas y mucho más ante enfermedades graves como ocurre en este caso.

Por un lado se observa que la carta central indica los deseos de luchar, de vencer las dificultades a pesar de todo (Caballo de Bastos). Pero en esta lucha se cruza una sensación de indefensión, de estar perdida y sin rumbo (Ocho de Espadas).

Interiormente (El Juicio), la enfermedad que padece se muestra como una llamada de tipo espiritual, es un mensaje o un aviso, que se aclarará en la última carta. En la conciencia externa (Cinco de Espadas), el mal se vive como una especie de vergüenza o castigo.

El pasado (El Carro) indica los deseos de éxito que han quedado atrás, las luchas que ella ha vivido y cuyo resultado no ha sido satisfactorio. En el futuro cercano (Nueve de Oros) está la estabilidad material que, sin embargo, no logra vencer el dolor y la enfermedad.

La carta número 7 (Nueve de Espadas) representa con claridad sus sentimientos de temor, sus secretas pesadillas. En cambio, la carta del entorno (Cuatro de Bastos) señala los esfuerzos de aquellos que están a su alrededor por hacerle la vida más feliz y más llevadera su enfermedad. Hay un consejo muy claro para ella (Seis de Copas), que es el de recuperar la ilusión por la vida, como cuando era niña. También esta carta es una llamada a la generosidad y los buenos sentimientos que, sin duda, la ayudarán a estar mejor consigo misma. El resultado final de esta consulta (La Sacerdotisa) señala que ella debe buscar dentro de sí las claves y que en ese camino puede encontrar una solución o un alivio para su mal. La enfermedad es un aviso o una señal para que comience este camino de autodescubrimiento.

Caso 4

Una mujer joven, a la que llamaremos Victoria, consulta sobre su vocación. Su mayor deseo es ser bailarina de ballet clásico, pero encuentra algunas dificultades y se siente desmotivada. La pregunta que se formula en este caso es la siguiente: *¿Qué debe hacer Victoria para mejorar como bailarina?*

Como respuesta surgen las siguientes cartas:

1: Rey de Bastos

2: Cuatro de Copas R

3: Reina de Espadas

4: Diez de Espadas

5: Dos de Espadas R

6: Seis de Espadas R

7: As de Oros R

8: Ermitaño

9: Sota de Copas R

10: Nueve de Oros

Lo primero que llama la atención en esta tirada es la presencia de cuatro naipes de Espadas que rodean la cruz central. Los situados en la posición tres (Reina de Espadas) y cinco (Dos es Espadas) señalan los deseos inconscientes y conscientes de Victoria. El deseo de iniciar una carrera como bailarina es algo honesto, un genuino interés del corazón, su verdadera vocación. Para ella es evidente que una carrera de este tipo puede acabar con la inmovilidad y la apatía que domina su vida. ¿Dónde está el origen de esta apatía? En la cuarta posición vemos una carta de significado inequívoco, el Diez de Espadas. Ha habido un doloroso suceso del pasado que motiva el choque de dos energías contrapuestas. Por un lado, el auténtico deseo de progresar, de construir una vida creativa (Rey de Bastos), pero por otro, la apatía y el desinterés (Cuatro de Copas).

El futuro inmediato revela la necesidad de un viaje (Seis de Espadas invertida). No será fácil y requerirá de esfuerzos (con posterioridad a esta lectura, Victoria solicitó una beca para estudiar ballet en un país extranjero), pero es un paso necesario en su aprendizaje.

Las cartas de la parte derecha de la Cruz revelan la evolución futura de Victoria. En el séptimo lugar encontramos el As de Oros en posición invertida. Esta carta puede ser un claro indicio de su inseguridad actual. Este naipe también indica que necesitará ayuda económica para llevar a cabo sus estudios. La necesidad de viajar puede hacer que se separe de sus seres queridos y que experimente un sentimiento de soledad y alejamiento (El Ermitaño).

La Sota de Copas en la posición nueve es un elemento de sorpresa. La energía que hemos manejado hasta ahora es mental (Espadas), pero también es necesario contar con los sentimientos. El baile es una actividad creativa en la que es necesario actuar de corazón. Esta carta también puede indicar una persona, un hombre de carácter sensible que la apoya en su tarea. Por último, el resultado final, que viene indicado por el Nueve de Oros en la décima posición es totalmente positivo. Esta carta señala la sublimación de los instintos en el trabajo creativo. No se puede imaginar una carta mejor ni más aristocrática para una bailarina.

Caso 5

Paloma es una mujer madura que está pasando por una grave crisis familiar y económica. Debe cuidar a varios miembros de su familia que padecen enfermedades crónicas y al tiempo atender un negocio que no da el rendimiento económico que ella desea. En medio de esta situación tan difícil, pide una orientación que le ayude a aclarar su futuro financiero, que considera fundamental para solucionar sus problemas actuales. La pregunta que se formula es la siguiente: *¿Qué debe hacer Paloma para que prospere su economía?* Las cartas que surgen en la tirada son:

1: Ocho de Oros R
2: La Luna
3: La Fuerza R
4: El Sol
5: Sota de Espadas
6: Caballo de Espadas
7: La Justicia
8: Los Enamorados R
9: Nueve de Oros
10: Cuatro de Bastos

Lo primero que llama la atención en esta lectura es la gran cantidad de arcanos mayores, lo que indica que ésta es efectivamente una cuestión fundamental para ella. Observando las cartas centrales de esta tirada vemos la lucha entre su fuerza de trabajo (Ocho de Oros) y las ilusiones (La Luna) que quizá la están empujando a continuar unos negocios que no son rentables.

La línea del tiempo corre desde el pasado (El Sol) hasta el futuro (Caballo de Espadas) indicando que los momentos de prosperidad darán paso a una época de lucha. En su interior hay una gran energía (La Fuerza), capaz de resolver cualquier obstáculo, pero debe estar muy atenta (Sota de Espadas) para poder aprovechar las oportunidades que surjan en el futuro. De esta primera parte de la lectura surgen dos ideas. La primera es que hace falta mucha energía y decisión para afrontar el futuro. La segunda es que no hay que ilusionarse con que los éxitos económicos pasados se repitan tan fácilmente.

Las cartas de la derecha señalan cuál es su actitud y la del entorno. La Justicia indica su deseo de obtener aquello que le parece apropiado. Pero esta es una carta muy positiva, ya que señala que ella triunfará porque su actitud ha sido constructiva a pesar de las desgracias familiares. El entorno viene indicado por Los Enamorados en posición invertida. Esto puede señalar la hostilidad del ambiente hacia ella, la falta de apoyos y de cariño. Pero es una situación reversible, ya que si no fuera así, habría salido una carta mucho más negativa. El resultado final es muy positivo. El Nueve de Oros señala sus deseos de prosperidad y un consejo, ella debe creer en sí misma para poder triunfar. La carta final, el Cuatro de Bastos indica la celebración de su nueva prosperidad, que llegará como consecuencia de su esfuerzo y deseos.

5. Apéndice

Tablas de correspondencias

Las tablas que se muestran en este apéndice relacionan los arcanos mayores con diferentes herramientas mágicas. Estas correspondencias pueden ser útiles para el trabajo con distintos arcanos. Así, si deseas trabajar con la energía de la Emperatriz, puedes aromatizar tu casa con aroma de sándalo o llevar contigo un cuarzo rosa. Estas pequeñas ayudas, acentuarán tu conexión con la carta. Estas correspondencias están hechas de acuerdo al sistema mágico de la Golden Dawn. Eres totalmente libre de usar otro sistema de asociaciones.

Arcano mayor	Letra Hebrea	Significado de la letra	Astrología	Nota musical	Color
0. El Loco	Alef	Buey	Urano	Re	Amarillo pálido
1. El Mago	Beth	Casa	Mercurio	Re	Amarillo
2. La Sacerdotisa	Gimel	Camello	Luna	Sol#	Azul
3. La Emperatriz	Daleth	Puerta	Venus	Fa#	Verde esmeralda
4. El Emperador	Heh	Ventana	Aries	Do	Rojo escarlata
5. El Sumo Sacerdote	Vahv	Uña	Tauro	Do#	Rojo anaranjado
6. Los Enamorados	Zain	Espada	Géminis	Re	Naranja
7. El Carro	Cheth	Valla	Cáncer	Re	Ámbar
8. La Fuerza	Teth	Serpiente	Leo	Mi	Amarillo
9. El Ermitaño	Yod	Mano abierta	Virgo	Fa	Amarillo verdoso
10. La Rueda de la Fortuna	Kaph	Mano cerrada	Júpiter	La#	Violeta
11. La Justicia	Lamed	Aguijada para bueyes	Libra	Fa#	Verde esmeralda
12. El Colgado	Mem	Agua	Neptuno	Sol#	Azul oscuro
13. La Muerte	Nun	Pez	Escorpio	Sol	Azul verdoso
14. La Templanza	Samekh	Puntal	Sagitario	Sol#	Azul
15. El Diablo	Ayin	Ojo	Capricornio	La	Índigo
16. La Torre	Peh	Boca	Marte	Do	Rojo escarlata
17. La Estrella	Tzaddi	Gancho para peces	Acuario	La#	Violeta
18. La Luna	Qoph	Nuca	Piscis	Si	Carmesí
19. El Sol	Resh	Cabeza	Sol	Re	Naranja
20. El Juicio	Shin	Diente	Plutón	Do	Naranja escarlata
21. El Mundo	Tau	Cruz	Saturno	La	Índigo

Arcano mayor	Gema	Animal	Planta	Herramienta Mágica	Perfume
0. El Loco	Turmalina, Turquesa	Mariposa, Águila	Álamo, Menta, Uva	Daga, Abanico	Gálbano
1. El Mago	Ojo de tigre, Citrino, Ópalo	Ibis, Mono, Golondrina	Mejorana, Verbena	Vara, Caduceo	Almáciga, Macis
2. La Sacerdotisa	Perla	Perro	Almendra, Granada	Arco y flecha	Alcanfor, Áloe
3. La Emperatriz	Esmeralda, Cuarzo rosa	Paloma, Cisne, Gorrión	Rosa, Ciprés, Maíz	Cinturón	Sándalo, Rosa, Salvia
4. El Emperador	Rubí	Carnero, Lechuza	Geranio, Roble	Cuernos	Sangre de dragón[1]
5. El Sumo Sacerdote	Topacio, Lapis	Toro	Caña de azúcar, Malva	Labores preparatorias	Estoraque
6. Los Enamorados	Ágata, Alexandrita	Urraca	Orquídea, Junco	Trípode	Ajenjo
7. El Carro	Ámbar, Calcedonia	Cangrejo, Tortuga	Loto, Olivo, Berro	Horno encendido	Onycha
8. La Fuerza	Ojo de gato, Topacio	León	Girasol	Disciplina	Olíbano
9. El Ermitaño	Peridoto, Hematite	Rinoceronte, Perro	Álamo, Narciso	Vara, Pan, Lámpara	Narciso, Macis
10. La Rueda de la Fortuna	Zafiro, Amatista	Águila, Esfinge	Hisopo, Roble, Chopo	Cetro	Azafrán, Cedro
11. La Justicia	Esmeralda, Coral, Jade	Elefante, Grulla	Áloe, Tabaco	Cruz del equilibrio	Olíbano, Gálbano
12. El Colgado	Berilio, Aguamarina	Serpiente, Águila	Plantas acuáticas Loto	Copa, Cruz, Vino	Mirra
13. La Muerte	Hematite	Escarabajo, Lobo	Cactus, Tejo, Arrayán	Dolor de la obligación	Asafétida
14. La Templanza	Jacinto, Amatista	Caballo, Perro	Junco	Flechas	Áloe
15. El Diablo	Obsidiana	Macho cabrío, Asno	Cáñamo, Higo, Cardo	Lámpara	Nuez Moscada, Musk
16. La Torre	Rubí, Granate	Oso, Lobo, Caballo	Ruda, Ajenjo, Tabaco	Espada de doble filo	Sangre de dragón
17. La Estrella	Turquesa,	Pavo real, Cuarzo	Oliva, Coco Águila	Incensario	Gálbano
18. La Luna	Piedra Lunar, Ópalo, Perla	Escarabajo, Delfín, Pez,	Amapola, Ortiga	Espejo mágico	Ambar gris
19. El Sol	Diamante, Heliotropo	León, Halcón	Laurel, Girasol	Lanza	Olíbano, Cinabrio
20. El Juicio	Malaquita, Ópalo	León	Amapola roja, Hibisco,	Vara, Lámpara	Olíbano
21. El Mundo	Ónice, Lapis, Perla negra	Cocodrilo, Dragón	Ciprés, Tejo, Heléboro	Hoz	Incienso, Asafétida

1. La Sangre de dragón es la resina de un árbol autóctono de las Islas Canarias, *Dracaena draco*.

Bibliografía

Almond, Jocelyn y Keith Seddon. *Understanding Tarot*. St. Paul, MN, Llewellyn Publications, 1991.

Autores Varios. *El Tarot. El futuro en las cartas*. Madrid, Ediciones Uve, 1980.

Bunning, Joan. *Learning the Tarot: A Tarot Book for Beginners*. New York, Samuel Weiser, 1998.

Christian, Paul. *El hombre rojo de las Tullerías*. Barcelona, España, Edicomunicación.

Connolly, Eileen. *Tarot. A New Handbook for the Apprentice*. North Hollywood, California, Newcastle Publishing, 1979.

——*Tarot. The Handbook for the Journeyman*. North Hollywood, California, Newcastle Publishing, 1987.

Crowley, Aleister. *The Book of Thot (Egyptian Tarot)*. York Beach, Maine, Samuel Weiser, 1995.

——*Adivinación por el Tarot*. Barcelona, Océano Ibis, 1998

Fairfield, Gail. *Cómo tomar decisiones con el Tarot*. Barcelona, Urano.

Giles, Cynthia. *The Tarot. History, Mystery and Lore*. New York, Fireside, 1992.

——*The Tarot. Methods, Mastery and More*. New York, Fireside, 1996.

Graves, Robert. *Los mitos griegos (2 tomos)*. Madrid, Alianza, 9ª impresión, 1993.

Gray, Eden. *A Complete Guide to the Tarot*. New York, New American Library, 1970.

——*Mastering the Tarot*. New York, New American Library, 1971.

——*The Tarot Revealed*. New York, New American Library, 1960.

319

Greer, Mary K. *Tarot for Your Self. A Workbook for Personal Transformation*. North Hollywood, California, Newcastle Publishing.

——*Tarot Constellations*. North Hollywood, California, Newcastle Publishing.

——*Tarot Mirrors*. North Hollywood, California, Newcastle Publishing.

Kaplan, Stuart. *The Encyclopedia of Tarot*. Volume I. Stamford, Connecticut, U.S. Games Systems, 1994, 7th. Printing.

——*The Encyclopedia of Tarot*. Volume II. Stamford, Connecticut, U.S. Games Systems, 1986.

——*The Encyclopedia of Tarot*. Volume III. Stamford, Connecticut, U.S. Games Systems, 1990.

——*Tarot Cards for Fun and Fortune Telling*. Stamford, Connecticut, U.S. Games Systems, 1989.

——*Tarot Classic*. Stamford, Connecticut, U.S. Games Systems, 1979.

Kraig, Donald Michael. *Modern Magick. Eleven Lessons in the High Magickal Arts*. St. Paul, MN, Llewellyn, 2nd. Edition, 1998.

Marteau, Paul. *El Tarot de Marsella*. Madrid, Edaf, 1988.

Nichols, Sallie. *Jung y el Tarot*. Barcelona, Kairós, 1989.

Papus (Gérard Encause). *El Tarot de los Bohemios*. Barcelona, Edicomunicación, 1986.

——*El Tarot Adivinatorio*. Barcelona, Edicomunicación.

Pollack, Rachel. *Seventy-Eight Degrees of Wisdom. A Book of Tarot (2 tomos)*. Wellingborough, Reino Unido, The Aquarian Press, 1980.

Waite, Arthur Edward. *Claves del Tarot*. Obelisco, Barcelona, 1998.

Wilhelm, Richard. *I Ching. El libro de las mutaciones*. Barcelona, Edhasa, 1991.

Wirth, Oswald. *El Tarot de los imagineros de la Edad Media*. Barcelona, Edicomunicación.